# 别让不好意思
# 害了你

无脚鸟◎编著

山东人民出版社·济南

国家一级出版社 全国百佳图书出版单位

**图书在版编目（CIP）数据**

别让不好意思害了你 / 无脚鸟编著. —— 济南：山东人民出版社，2019.10 （2023.3重印）

ISBN 978-7-209-12397-6

Ⅰ．①别… Ⅱ．①无… Ⅲ．①心理交往－通俗读物 Ⅳ．①C912.11-49

中国版本图书馆CIP数据核字(2019)第227523号

**别让不好意思害了你**

BIE RANG BUHAOYISI HAI LE NI

无脚鸟 编著

| | | |
|---|---|---|
| 主管单位 | 山东出版传媒股份有限公司 |
| 出版发行 | 山东人民出版社 |
| 出 版 人 | 胡长青 |
| 社 址 | 济南市市中区舜耕路517号 |
| 邮 编 | 250003 |
| 电 话 | 总编室 (0531) 82098914 |
| | 市场部 (0531) 82098027 |
| 网 址 | http://www.sd-book.com.cn |
| 印 装 | 三河市金兆印刷装订有限公司 |
| 经 销 | 新华书店 |
| 规 格 | 32开（145mm×210mm） |
| 印 张 | 5 |
| 字 数 | 110千字 |
| 版 次 | 2019年10月第1版 |
| 印 次 | 2023年3月第3次 |
| 印 数 | 20001-70000 |
| ISBN 978-7-209-12397-6 |
| 定 价 | 36.80元 |

如有印装质量问题，请与出版社总编室联系调换。

# 不好意思害死人

在你的有生之年，是否有以下情况：

·对于父母，你不好意思说"爱"，等某天追悔莫及，却再也没有了补救的机会；

·对于暗恋对象，你不好意思表白，于是便错失了一段姻缘；

·对于过错，你不好意思说"对不起"，于是让隔阂变得越来越深；

·对于误会，你不好意思解释，便让误会一再升级；

·对于裂痕，你不好意思低头补救，便让感情越来越冷；

·对于借出去的钱，你不好意思去索要，他人不还，于是自己的血汗钱被别人挥霍着；

·对于无理请求，你不好意思说"不"，于是只能硬着头皮去做，便宜了别人，劳累了自己；

·对于过分要求，你不好意思拒绝，于是别人便越好意思要求你为他做得更多；

·对于暧昧，你不好意思快剑斩情丝，于是暧昧渐渐超出了掌控；

·对于交际，你不好意思与他人寒暄，与群体格格不入，于是工作机会、升职、加薪这些好事总是别人的；

·对于利益，你不好意思主动索要，于是只能眼睁睁看着别人做"会哭的孩子"、总"有奶吃"，自己却只能干饿着；

······

如果在你的身上经常发生以上情况，并存在很多种，那么实在该警惕，因为"不好意思"正阻碍着你的个人发展。

在当代，个人的"不好意思"心理可以说要比以往任何一个年代都要强烈。随着人们思想观念的提高，高等教育的普遍实施，人们各个方面的素质也都随之提升，这样便出现了一个很有意思的现象：因为文化素养提高，有些人会更加看重个人的面子、地位等问题，所以在某些事情上他会更加觉得"不好意思"。比如，朋友向你借钱，你不好意思拒绝，到了还款日期，你又不好意思索要。因为你觉得你们是朋友，所以不好意思。从此，社会上便出现了很多像你这样的说不清的官司，友谊也因此不复存在。

当然，这只是导致人不好意思的一方面，个人的性格、生活环境等因素也会影响一个人对某些事情"不好意思"。

总之，个人的"不好意思"通常会给自己带来消极的影响。

如果学生在学习上遇到不懂的地方，碍于面子，怕去问老师被同学嘲笑脑子笨，那么成绩便无法提升；如果你在春节高峰期购买火车票时，前面有人插队而不好意思制止，那么你便可能失去一张票；如果工作中你身体不适，却担心请假看病会给老板留下不好的印象，那么你将要忍受病痛的折磨……因"不好意思"而遭受的苦涩滋味，恐怕只有当事人自己能体会了。

有些人，因为有些话不好意思说，有些事不好意思做，所以在生活中饱受忧虑、痛苦、伤害、煎熬……

最近在媒体中看到了关于性骚扰的案件，让人不可思议的是，警察抓住犯罪分子后，经调查确认犯罪分子曾犯过多起案件，而当让受害人前来指认时，却没有一个人来，这是为何？

主要原因就是不好意思。对于性骚扰，受害人不好意思严词拒绝，不好意思声张，于是性骚扰者更加肆无忌惮、明目张胆。这种行为只会助长犯罪者的气焰，使得更多的人受到伤害。

不好意思者，总是被动的；好意思者，总是主动的，占据主导地位。

我们生活的一个个圈子中，不论三教九流，所有人都可分为好意思和不好意思两大类。机会、财富等好事就像新鲜、美味的食物，一旦被抛下，哄抢的总是那些"好意思者"，"不好意思者"只能流着口水在旁观看，坐等着送食者主动将食物送到眼前说："亲爱的，吃吧。"所以，不好意思者不是不想要好事，而是梦想着更大的好事。

不公待遇、无理要求等坏事就像一群"嗡嗡"叫的蚊子，一旦来临，大叫、轰赶它们的总是好意思者。而不好意思者只能默默承受着，任由这些蚊子吸着自己的血，带给自己巨痒难忍的煎熬。

有些东西，原本应该属于我们，但却被那些"太好意思"的人抢走了，而因为我们太不好意思，原本属于别人的过错，却由我们去承受痛苦。

对此，与其愤恨、谩骂，不如改变自己。不是让自己变得多么圆滑、"厚黑",而是勇于去争取自己应得的,避开那些不公、不合理的要求和待遇。

抛弃"不好意思",让自己变得更好意思一些,这样才能更好地"守护"自己,让自己免受伤害,坐拥美好。

也许你的"不好意思"是很自然地从心里产生的,自己也无法控制,那该怎么办呢?

现在翻到本书第一页,带着美好的心情看下去,相信你能够解决疑惑。

# 目 录
*Contents*

1

## 第3章 ｜ 不好意思＝失财

## 第4章 ｜ 不好意思＝麻烦事缠上身

## 下 篇

# 人生，其实可以活得更坦荡

## 第5章 ｜ 不好意思为哪般

# 上篇

## 很多事，因了"不好意思"而错失

有些事情在你失去或错过之后，你是否在心底真正问过自己：为什么类似的事情总是会错过？或许因为机遇，或许因为个人能力，更或许因为运气。你是否想到过，其实是因为自己的不好意思而错过了某些机遇呢？

生活中，因为不好意思，有些事情总难以办成；个人幸福会在不经意间流失；经济上受损的总是自己。在工作中，升职的那个总不是自己；人际关系总是那么糟；麻烦总是会惹上自己；等等。而拒绝"不好意思"，这些将得以改变。

# 不好意思＝事难成

# 不好意思问路，便摸不清方向

人活于世，很少有人能做到"我从来不求人"，尤其是光鲜亮丽、诸事顺利的成功者。

求人办事，大到关乎几十万、几百万的生意、个人前途甚至是生死，小到一个举手之劳、问路时一个明灯指引……因此感慨：人生总有事，需向他人言。

能向他人言者，往往能被生活青睐，得到和煦的阳光；不向他人言者，生活往往不尽如人意。

为何"不为他人言"？归根结底是"不好意思"在作祟。

**故事一：**

一个求职者去面试，到了通知地址的交叉路口后，他按指示往南走，通知说是大概 500 米就可以看到一个"宏兴大厦"。于是，他沿着路一直往南走，并时刻留意两边的建筑物。

结果，他始终未能看到宏兴大厦。他回头看看走过的路，心想：这应该有 500 米了吧？是不是我已经走过头了？

此时，身边的行人匆匆不断，他想：还是找个人问问吧。

结果，一个人从他身边走过，两个人、三个人、四个人……

站在路边 10 分钟，从他身边路过的人不下百个，可是他却始终未能张口。

因为每过一个人，他心里便想："唉，他可能不知道吧？""这个人恐怕不会给我指路吧？""这个人一看就不善"……总之是觉得人不合适。

然而，好不容易看到自己觉得"面相合自己意的人"时，他又开始想："我该怎么开口呢？""怎么问啊？"

心里盘算着，人便已经走远了。

最终，他定了定，心想：找个大厦有什么难的，人家地址都讲得这么清楚了，我就不信找不到，无非就是费些体力和时间罢了。

于是，他又开始在距交叉路口 200～1000 米远处细细地寻找，来回走了两遍，还是没能找到宏兴大厦。

最后因为口渴，他去买水，这才发现一家不起眼的商店旁边立着一个小牌子，上面写着"宏兴大厦"。

"这是什么大厦啊，立这么个小牌子，谁能看得见！"他自言自语地抱怨道。

小商店老板听到后笑着说："大厦上镶着很大的四个字，这两天做维修，就被脚手架、防晒网什么的给遮住了。不过也好找，找这附近的人随便问一问就好了，大家都认识。"

**故事二：**

甲、乙两人展开了人生中的第一次徒步旅行。行至山区时，前两天的路程还是十分顺利的，第三天却遇到了意外情况：在既定路线上两人遇到了一处塌方，路已经全然被挡住了，至于塌方面积有多大、路线是否还能走，两人的心里也没谱。

这时，从旁边的山上下来一个山民，走的是一条细小的人为形成的小道，背上背着一个工具袋，手里拎着一个大袋子。

甲对乙说："你去问问这个人，打听一下路的损毁情况，看还有没有其他的路。"

乙退了几步说："还是你去吧，我这人笨，不知道该怎么问。"

甲推了推乙说："我才不去呢，你去吧。"

乙又推甲说："还是你去吧。"

此时，这位山民已经渐行渐远了。

于是两人商议，再遇到山民，一定要问，哪怕两人同时问。

结果，天渐黑，他们再也没有遇到任何路人。在这片陌生的深山野林中，方向感已经随着黑夜的来临而逐渐变弱，甚至消失，就连来时的路他们也已经记不清楚了。

故事一中的求职者，因为不好意思开口问路，所以一直在兜圈子，与目的地几次擦肩而过，其实只需一句话就可以省去这么多的周折，但他没说。他选择的是"无非就是费些体力和时间罢了"。

事实是，很多机会就在浪费时间中错失掉了。一句话能抵消几千米的奔波，我们为什么要做赔本的买卖呢？

再来说说故事二中的两个旅行者，他们始终是依计划行事，但是俗语说"计划跟不上变化快"，人生中就算计划再周全的事也难免遇到些变数、意外，遇到这样的事，最重要的是将事情尽快解决。

很多时候、很多事，并不都有无数的机会让我们去挣扎、犹豫的。就好像深山里的这两个旅行者偶遇的路人，如同上帝对激流中的受难者丢下的一根绳索，只需抓好它就能够顺利上岸。结果，你眼看着绳子在眼前晃来晃去却不好意思去抓，直到绳子消失在眼前……

你想，等到下根绳子再来时，我一定抓住它！殊不知，机会可能只有一次，再也不会有绳子来了。

漫漫人生路，并不是沿着一条道走到黑就能过活的，机会往往就在"岔路口"，方向决定的是人生走向，时间误不起，人生错不起。即便误得起、错得起，原本一句"请问一下"就可以解决的事，我们却付出了几倍甚至几十倍的代价，岂不是太亏了？

所以，既然要问，就大大方方地问，不要"山路十八弯"，绕了一圈又一圈。问路就是要直奔主题，第一句话就是"请问××怎么走"，个人意图表露无遗，这样九成的人是不会拒绝帮忙的。

另外，还有几招问路技巧可供参考，如：

（1）问路边商贩。比如超市、商店、路边摊的工作人员等，他们往往比那些路上匆匆而过的行人更熟悉附近的路。当然，也可以先买一些商品再问，这样商家便更乐于帮助你了。

（2）问交警。他们是保障性最高的、拒绝率最低的求助对象。

（3）问清洁工。这些朴实的清洁工们往往十分乐于助人，而且不求回报。

# 越是难为情，越是受难为

人生在世，有很多事其实不难办，关键是办事的这个人会不会办事，懂不懂得顺应大环境，能不能把握办事的诀窍和契机，从而控制办事的局面。

求人办事，难免需要放低姿态、身架，对别人好言好语。然而，有些人却觉得十分困难，做不到。原因是难为情，不好意思开这个口，总觉得这是个很尴尬的事情。于是，越是难为情，不开金口，越是会冷场，双方都不自在。

现在考驾照是大趋势，因为随着国家的富强，百姓的生活水平越来越高，买车已经不是难事。再者，家里没车，偶尔也会碰到个需要开车的时候，如果没有驾照反而会受难为。

李琦也赶潮流报了个驾校，想考个驾照以备不时之需。

虽然李琦报名时间是去年秋天，可是因为工作太忙等原因，直到第二年的春天三月底才考过理论考试。此时已经临近四五月，眼看天气转暖，太阳马上就要日日炙烤大地了，驾校的学员们都希望自己能够赶在这酷夏来临之前将科目二考过去。因为科目二中涉及的是实践性的场考，需要勤练车，到时顶着烈日练车的感觉肯定不好受。

李琦也想尽早将考试结束，原因除了上面说的之外还有其他隐情——她怀孕了。

丈夫几次和李琦商量说："你去找教练说一下，让他把你的考试排到前面来，照顾一下孕妇也是情理之中的。"

李琦虽说嘴上答应了，可是去了几次驾校，都只是练了练车就回来了，根本就没有张嘴。李琦心想：怀孕这么私人的事还是不和外人说了，省得别人听了会想"既然你知道要考驾照，也不注意点"，如此再议论一番,岂不扯到男女之事上来了。算了算了，还是等教练自行给我安排吧，也许不用我说，正好排在这两个月之内呢。

眼看两个月过去，一批又一批的学员去考试，其中就是没有李琦，而此时天气变得格外炎热起来。

于是，丈夫便又和李琦商量说："不然你再去找一下教练，让他给你安排考试时避开这几个月，让他尽量给你安排在九月或之后，那时就凉快许多了。到时候肚子应该只是稍显，不碍事。"

李琦表面应了，可是几次练车见到教练也还是没能张开口。

最终，李琦接到驾校通知，说是考试时间定下来了，在7月底，让她提前半个多月去练一练。这让李琦倍感烦忧：天气那么热，自己受罪倒还好，如果肚子里的孩子受到影响怎么办？

但是如果不去参加考试，浪费了好不容易等来的机会不说，还要交补考费，而且下一次考试不知道要等多久，自己的身体状况能不能去参加还不确定。

当李琦把心中的烦忧向一位近来疏于联系的朋友倾诉时，朋友有些惊讶："你怀孕了吗？有好消息也不说一声。这样说来，咱俩情况差不多，我也怀孕了，月份上和你应该也差不多，我是两个月前刚刚报完名就发现自己怀孕了，真霉催……"

"那怎么办呢？你不怕有什么闪失吗？"

"我已经考完了啊。证都拿到手了。"

"啊？这么快。你们驾校效率还挺高，考试的人比较少吧？"

"哪儿呀，人特别多，如果干等，不晓得排到什么时候了。所以，我就给教练买了瓶水，开玩笑似的让他照顾一下孕妇，他建议我生完孩子再考，我就说'生完孩子，天天被孩子拖住，更是一点时间也抽不出来了'，其实他们也是可以理解的，所以早早地给我报上了。你也学我，没事多和教练聊聊天，让他给你开开小灶，早早地安排考试，轻松过关！"朋友说道。

"我们教练是个男的，女人家的事多不好说。"李琦还是有些难为情。

"我们教练也是男的啊。你是孕妇，受照顾光明正大，我们驾校有些不是孕妇，为了尽早考试或者避开夏天都找各种理由拜托教练呢。别看我来得晚，可是拿证比起有些等了一年多的学员早多了。"朋友如是说。

境遇十分相似，但是一个因为"难为情"，一个则十分坦然，结果也是天差地别。比李琦报名晚的朋友反而早早地拿到证了，可是李琦还在受难为，想早早考试却在犹豫中错过了，想让教练给自己安排避开炎夏考试却也错过了机会，无奈自己只能顶着烈日去练车、考试，如此考过概率还不大。

心态不同，行为则也不同，结果自然也是不同了。

抛开心中的"难为情"，便可以解决我们所受的为难。关键在于要放得开，消除自己的心理障碍，坦然地去与人交涉。

**第一，坦然和人交涉。**

如果是像故事中李琦所遇到的情况，只是对方随手那么一挥的简单事，那就不必大费周章，像其朋友那般做法即可，可以在天热时给教练带一瓶解渴的水、一些新鲜的水果。

当然，如果嘴上功夫做足，平日里和对方保持良好的关系，那么即便没有"小礼"，对方也乐于帮助。

**第二，找些"合伙人"。**

自己不好意思去做某些事，难为情，则可以找一些和自己境遇相同或者是缘由不同但有着同样需求的人，几个人在一起协商，一同解决问题。

比如故事中的李琦，她可以在平时练车时在学员中结交一些同性的朋友。假如也有一个孕妇想要提前考试，对方的性格比较开朗，那么不妨与其结成同盟，一起找教练说明需求，两个人在一起，胆量也会有所提升。如果对方肯一力承担，给自己做"代言人"，自然更好。

# 不好意思疏通关系，错失大好机会

在职场中，一些人为了让自己的职场生涯更加顺利，前途更加光明，得到更多的机会，于是便时时对领导察言观色，细细揣摩着领导们的心思，喜欢和领导接触，为领导的事跑腿。哪怕是领导个人的私事，也乐于服务。于是，善于疏通上下级关系、同事关系的人，总是能够先人一步得到领导的赏识，被委以重任，得到深造机会，甚至加薪又提拔。

这让那些不懂疏通关系的人十分愤恨，但也只能眼巴巴地看着别人一步步地往上爬，风光无限。

看到别人风光，自己也羡慕，但是这样的事自己却怎么也做不出来，究其原因，还是太不好意思。

小美毕业后，恰逢当地一家大企业要注入新鲜血液，从应届生中招收一批新员工。小美有幸被录用，但能否最终留下，还要看自己的能力了。这批新员工首先会进入岗前培训，结束后便可以进行人员分配，到不同的岗位上去，进入试用期，试用期的表现会被高管看在眼里，试用期满时，各部门会留下足够优秀的，多余的则会被解除雇用。

在岗前培训时，小美发现有一个名叫齐齐的女孩十分活跃，短短的几天便和培训班里的学员们都十分熟络了，时而调侃，时而打趣，而小美则只是和其中的两三人偶有谈话。

除此之外，齐齐还和做新员工培训的人力资源部领导关系也很好，仿佛成了"班长"一般，总是帮助领导处理一些事宜，比如给领导接杯水，替领导收发资料，做培训总结时带头发言等。

小美曾听齐齐说她原本想进的是设计部，可是无奈招聘人员说设计部不缺人手，而且即便缺也是招一些有经验的人，但因为大企业招人实在难得，所以她便有什么报什么，想着先进来再说。小美也是同病相怜，她是学财务的，可是这年头尤其是大公司，财务上根本不会招一个刚毕业的小姑娘，也是抱着同样的想法，她报了个行政部。

但是，到了岗位分配的时候，小美被分到了行政部，而齐齐却被分到了设计部做助理。这让小美觉得奇怪，于是便去问齐齐，齐齐只是笑了笑说："我是一块砖，哪里需要哪里搬。所以，分我去哪，我就去哪呗。"

小美也不好意思再问了。

过了不久，小美听闻齐齐在设计部十分讨人喜欢，总是在工作之余针对一些正在做的项目，自行做一些设计方案让同事过目。渐渐地，那些设计师干脆把一些小案子交给齐齐去做。

试用期满后，一部分人遭到了解约，没能继续留任，小美是其中之一，而齐齐却破格成了正式的设计师。而留下来的那些人，在小美看来也是十分"会说话""会来事"的人。

会抓住机会的人就像军营中大胆请缨的士兵，勇敢地站到将军的面前为自己争取机会。这不丢人，也没有什么可怯弱的。就像故事中的小美一样，既然一开始就知道机会有限，多余的人会被刷下来，那么就要为自己的前程搏一搏，至少自己努力过。

试过，没发挥好，被刷下来，远远比不曾试过就被刷下来要好得多。

有时候，与其说与人交好，不如说是更加以诚相待。不论对方是谁，亲切一些，热情一些，坦然一些。就像故事中的齐齐，她能够左右逢源，大概就与她的热情开朗有着很大的关系，她更懂得人与人之间交往所需要的人情世故，也懂得如此能给自己带来什么样的好处和便利。

生活需要适当地去疏通关系，与人交好，目的不是为了把别人捧得多高，而是尽量将自己与他人之间的关系搞得融洽些。那么，怎样做才能既讨得别人欢心，又不显得那么巴结对方呢？

**第一，把姿态放低一些。**

有些人觉得尽心替上司办事是情理之中，为什么还要搞好同事关系，大家是平级，应该平等交流，不必让自己低人一等似的去讨好。其实不然，即便是同事也需要良好的关系氛围。否则每个同事你都感觉高高在上，不愿费些心思去搞好关系，那么长久下去，只会变成办公室里的怪物，被别人所孤立。

**第二，走自己的路，让别人说去吧。**

很多人都是被一句"人言可畏"绑住了手脚，觉得自己如果去讨好同事、上司，就会被他人私下说三道四，更有人会将别人如何对自己指指点点、恶语相加都想象一番，能想多恶劣就想多恶劣。于是，想得越多，心理负担越重，对于同事间、上下级间的交往也就越敏感，甚至有些十分正常的交往都有些忌讳，生怕自己被别人说成极力巴结。

比如同事请了几天假，桌子上的小盆景几天没浇水，眼看有些干枯了，自己想主动给浇些水，可是就怕这个动作被别人看见，说自己在献殷勤，于是便作罢了。别人看见了，做了同样的事情，等同事回来，然后开玩笑地说："我可是你这宝贝盆景的救命恩人，没我它早旱死了。"

此情此景，你也不会多想什么，但却总觉得自己做了，别人会多想什么。

有些事情，积极些本是好事，比如积极配合领导做事，以及让领导更多地帮助自己发现问题、解决问题、提高水平，从而较快地成长起来，把工作做得更好、更出色，这也是无可厚非的。

所以，不妨放开思想包袱，你喜欢和别人融洽相处，和谁都能搞好关系，这并不是坏事，为什么要畏畏缩缩的呢？

**第三，拿捏好尺度。**

有时，懂得适度讨好别人也是一种能力，而且是生存、处世所必需的一种能力。这并不是要我们放下人格、尊严，去溜须拍马，说假话奉承别人，而是适当地向别人示好，拉近彼此的关系。只要拿捏好其中的尺度，就是真智慧。

比如：当领导说"这个事情谁去办一下"时，不要缩，大胆地说"我去"；当自己去接水时，顺便问一下同事"我去接水，给你也捎一杯吧"；中午下班吃饭时问同事"你工作还没做完吗？我去先给你打上饭吧，你完了直接过来，就不用等饭了"……

像这样的一些人情关怀，都可以达到方便别人的目的，没有什么不好意思，也不会把自己贬得多低。

# 遭冷遇，小自尊很受伤

　　人都喜欢被别人温情以待，不喜欢受到冷漠的待遇，尤其是自己的一腔热情之火被别人无情地浇灭，更是凉上心头，冷到骨子里去。

　　所以，如果有所选择，我们定是不愿与那些总给我们冷脸的人过多交往的，因为没有人总喜欢用自己的热脸去贴别人的冷屁股。话虽糙，但确是这个理。

　　然而，如果是求人办事则不同。就算明知对方会给自己摆冷脸，也要迎难而上。有两种人注定办不成事：一是怕冷遇，不敢踏出第一步的人；二是踏出第一步，遭了冷遇，便心灰意冷，再也不敢踏出第二步的人。

　　其实，与人打交道，遭冷遇也是难免的事。即便是没有所求，也会遭到冷脸，更何况有求于人，更加难免会被拒绝。如果一被拒绝就觉得心被伤透了，脸皮太薄，遇冷心就碎，往往办不成事。

**故事一：**

　　甲近期要买房，所以需要领导批个材料，盖个章，可是他去找领导，敲门领导不应，推门进去，领导正在打电话，向他摆了摆手，让甲先出去。

　　甲的心里很不是滋味，十分失落。可买房毕竟是大事，尽管自己很不想再去找领导，但还是硬着头皮去了。可是不知何时领导的办公室已经空无一人了。

下了班，甲便想着不如到领导家问问。可是，开门的是领导的母亲，只是把门开了个缝，一脸狐疑地问："你是哪位？找谁？"

甲说："哦，我找李总有点事，有份材料想让他签个字，盖个章。"

领导的母亲有些冷淡地说："他没回来，工作上的事还是去公司找他吧。"说完便关了门。

整个过程，甲连门也没进去，只是从门缝里和对方讲了几句就吃了闭门羹。甲突然觉得自己怎么显得这么卑微，被别人这么看不起，踩在脚底下。

回到家后，他向老婆发脾气，把材料往桌子上一扔说："我不办了！"

老婆听后反而笑了起来，说："我的傻老公啊，这点事你都受不了啊，我的材料你知道怎么办成的吗？我找了领导多少回，他忙，我就一趟不行两趟，两趟不行三趟，直到他腾出空来，把材料给我签了。你脸皮也太薄了点吧……"

第1章 不好意思=事难成

17

**故事二：**

"我告诉你们啊，这次拓展训练每个人都得去，谁也别来找我请假，没用！"领导摆着一张冷脸向下属宣布道。

当时恰逢节日，如果能够将拓展训练这几天的假请下来，那么就可以连着训练后的假期，休个 15 天的长假。也正是因为如此，怕员工们打这个算盘，所以领导才从一开始就下了严禁令。

这么一说，果然没人敢去提请假的事，只好乖乖地待着去参加拓展训练。张真却例外，他偷偷地去找了领导。

一进门，正如他所料的，领导摆着一张结了冰的脸，一副"敢提请假，就别怪我不客气"的脸。张真进去后对于请假只字不提，谈到了自己的一个工作项目，然后由远及近，逐渐将话题牵扯到了领导"家乡何处""多久没有回去了"等话题，然后共同感慨游子远行，慈母担忧，接着两眼直犯红，说："我真是太不孝了，从来没有给母亲过过生日，看来今年是又过不成了。"

领导叹了一口气说："就知道你小子是来请假的，唉，看在你一片孝心，给你批了，出去别乱说，不然别人都学你。"

人活一世，不可能做到万事不求人，因为生活的主要成分就是大事、小事，人也是被这些事情牵着奔跑在岁月的跑道中，任年轮一圈一圈又一圈……所以，人活着就要办事，办事就总有些事要请有些人帮忙，帮忙就难免要遭受冷遇，这是再正常不过的了。正如那句"人在屋檐下，哪能不低头"。

　　再者，现实中的冷遇存在两种情况：一种是主观认为的；另一种是客观存在的。

　　正如故事一中的甲，他所感受到的冷遇也许只是主观认为的，这一切的一切，都是在甲还未曾见到领导，未曾让领导真正地领会到自己意思的情况下发生的。当领导知道下属急着买房，要签一个材料时，出于人文关怀和义务，想必是愿意帮忙的；毕竟对于领导来说，员工家庭稳定和谐也是很重要的。而故事二中的张真，遇到的则是客观存在的冷遇。客观事实存在的冷遇是对方明显表现出来的冷待，故意通过一些话语、行为让对方难堪，为的就是让你知难而退。对此不妨再用些技巧，以达到自己的目的。张真迎难而上，确实扭转了困局，达到了自己的愿望。

　　冷遇，是人生中注定要遇见的过客，与其躲着，不如大胆迎上去，战胜了它，才能提高自己。

　　**第一，给自己一些好的心理暗示。**

　　不要在办事之前就一直在心里碎碎念："他会不会给我摆脸色""他会委婉地拒绝我，还是毫不留情面地直接拒绝我""如果他拒绝我了，我该怎么办，捂着脸跑出来吗"，如此等等，只会助长内心对冷遇的恐惧，在事情还没开始时就埋下了不好的心态和心理暗示。

　　心态决定行为，行为决定结果，不好的心态往往会导致不好的结果。

　　所以，遇事不妨多往好处想，想象着只要自己以诚相待，好脸相对，一定会换来热情；即便真的遇到冷待，也不要灰心，要站在对方的立场上想象一下，是不是对方今天心情不好、不在状态，并不是针对自己，或者是他本就不会过分热情，如此淡淡便是以礼相待了。

**第二，好事多磨，不妨"多磨一磨"。**

人们总说"好事多磨"，也确是如此。求人办事，往往不容易，正如民间常说的"人求人，跑断腿，磨破嘴"，所以，想办好事就要多磨几下。"刀不磨不亮，人不磨不成事"，大概也可以用在这里。

当受到拒绝时，不要首先发誓说"我再也不来求他了"，这就未免有些孩子气了。坚持不放弃的心要有，但也不要说"不给我办我就天天来，烦着你，就不信你不给我办"，这反而会让对方因为反感而变得更决绝，毕竟你是求人办事，不是上门讨债。

以真诚去打动别人，不管别人怎么为难，总是客客气气、以礼相待，再硬的石头也会被软化。如果你总也不成功，那说明你还不会磨，或者说功夫尚浅。

# 要懂得经营好人际关系

人与相熟、相识甚至是相知的人之间，总是有着某种联系的，这种关系就像海里的水，有深有浅；就像手中的秤砣，有轻有重。生活中总是如鱼得水的人，很少只是单纯运气好、人生路顺畅，大多数是够聪明，懂得经营自己身边所有的人际关系，需要时信手拈来，为自己服务。

打个比喻，每个人手中都有一张张卡片，一张卡片就是一个人脉、一个关系。有些人一直在收集新的卡片，呵护旧的卡片；有些人手中原本拿着厚厚的一沓卡片，却任其随意丢失；有些人则只反复玩弄着固有的几张卡片，不曾增多……

生活就是要不断地处理、解决各种各样的事情，但是，当"摊上事儿"时，有些人哭天喊地，有些人东奔西走，有些人则只需要一个电话……

有关系，没关系；经营，不经营。两个选择，逐渐地在打造着两种人生。

有些人需要某种关系，但是无奈手中没有这张牌，那么只能唏嘘不已；有些人则抱着厚厚的一沓牌，遇上事时却迟迟打不出这张牌，因为不好意思，如此便是大大的浪费。

冯乐在职场中历经了"三级跳"，而今已经是一家公司的老板了，年收入是原本工作时的几十倍，一个年纪轻轻的女子便有房有车，吃穿不愁。她的完美跳跃靠的就是"关系"二字。

借着实习时的领导推荐，冯乐进入了人生真正意义上的第一家中型公司，她被安排在了行政部门，每天只需做一些行政方面的工作，讲来也是十分清闲，是很多女孩子挤破头想要进去的部门。然而，就在一年后公司找其谈话要将其升为副主管时，她拒绝了，她说："我想去业务部做业务。"

这让主管十分讶异，这么年轻的女孩竟然想要去做业务。耐不过冯乐的坚持，一向比较欣赏、喜欢冯乐的主管随即和人事部门打了声招呼，让她得偿所愿去了业务部。

在业务部两年的工作中，她的业绩不断飙高，手中的客户资源也越来越多，在偶尔应邀参加的一些商务酒会、宴会中，她更是结交了各行各业的精英人士，相谈甚欢之后互留名片，渐渐地联系多了，便也熟络了起来。

之后，在一个客户的介绍下，她第一次跳槽，进入了一家500强的大型企业任市场营销部主管，升职又加薪。有人牵线，自己也要有本事揽得起这差事，而冯乐最大的资本就是几年做业务所攒下来的"客户资源"。

又经历了5年的时间，她已然一跃成了另一家大企业的市场营销总监。

有一天，她从一个客户口中听到一个好项目，于是决定自己单干。就这样，客户甲提供货源，客户乙帮她拿下了一个炙手可热的柜台，朋友丙帮她做了展销策划，经常和政府打交道的朋友丁帮她办理了公司执照。短短一个月时间，新公司开张，事业红红火火。

在女性创业中，这是难得的干脆、利落型人士。


故事中冯乐的成功、成就都离不开自己手中的人际关系网。人的成就也是与其手中关系网的多少、深浅、轻重有关，越多、越深、越重，那么关系利用起来就越方便、越可靠，成功率也较高。

对于人脉的利用就像炒一盘好菜，有些人亲力亲为，花了5年、10年的时间才炒成了一盘好菜，有些人则无须自己动手或者是过多地费力，只需三五分钟就炒成了一盘好菜。原因就在于：他不是一个人在战斗。有人给他洗菜，有人给他切菜，有人给他配料，甚至有人给他炒菜，自己一动不动，坐享一盘好菜。他付出了什么呢？他所付出的就是在平时积攒出会洗菜的人、会切菜的人、会配料的人、会掌勺的人，然后需要时一一请托。

对于有些高手来说，同类型的人际关系资源他们会有不止一个，需要的时候，他们不但不用着急，反而会像菜市场挑菜一样，选择最好的那个。因此，运用关系的高手总是有选择权的。

"朋友多了路好走""大树底下好乘凉"，这些民间俗语其实就是一种智慧结晶，告诉我们人脉对于人生的重要性。知此理，又将如何积攒人脉呢？

**第一，维持原有的人脉。**

比如上学时的同学。多参加一些同学聚会，多在网络上和同学们聊一聊，给同学备个档案，不定期地更新每个人的最新动态，如谁换了什么样的工作，谁创立了什么样的公司，谁嫁给了某公司的老总等。

再比如公司以前的同事。虽然因为自己的离开或是同事的离开，远离了"低头不见抬头见"的环境，但是不要因此而渐渐疏远，不妨时而联系一下，问候一下，节假日祝福一下，偶尔相约见个面，吃个饭。

**第二，发展新人脉。**

可从以下几点入手：

· 公司新来的同事、上司等；

· 新合作的客户；

· 相亲认识的朋友，做不成恋人，做朋友也是不错的选择；

· 朋友的朋友。比如被朋友拉去见他的其他朋友，便可借机将朋友的朋友变成自己的朋友；

·集体场合中的相谈甚欢者。多参加一些集体活动，比如同学聚会、公司聚餐、商务酒会、行业交流会等，如此会认识很多精英、成功人士。

# 不好意思＝错失成长

# 不好意思问，便无法成长

  一提到职场，我相信很多人都有滔滔万言。对工作的抱怨不满也罢，对职场的斗争苦恼无奈也罢，你不能否认职场是社会组织的一部分，甚至可以说，职场就是一个小型的社会。职场不仅仅带给我们抱怨和痛苦，同样也能给我们以知识和领悟。

  如何在职场中实现蜕变，是我们的最终目的。在职场中，从不懂到熟练，需要一个很漫长的过程。在这个过程中，你要掌握好技巧，比如不要"不好意思"。否则，你对工作不好意思，那么工作也会对你"不好意思"。

  小王是去年毕业的大学生，通过校园招聘找到一家很不错的建筑公司，职位是工程监理。公司给的薪资待遇都很不错，这也让同学们羡慕不已。

  正式报到之后，就是三个月的试用期。因为是名牌大学毕业，小王深受老板的器重，因此老板还专门安排一个老师傅帮带小王。工作第一天，老师傅拿出一沓图纸，对他说："小王，我看你大学专业是学建筑的，这些施工图纸都是以前我们公司做过的工程，你先看看，有什么问题就问我。"安排好之后，老师傅就自己忙去了。

老师傅走后，小王看起了图纸。因为大学时候学过工程制图，再加上毕业实习的时候也接触过施工图纸，所以看起来并不费劲。他走马观花地看了一遍，便觉得无聊了。因为没有别的事情可做，他只好又看了一遍，这次凑巧看到几个他不懂的地方，想了好久也没有想通。本来他想去找老师傅问问怎么回事，可是转念一想："我学的是建筑专业，身为一名堂堂名牌大学的毕业生，为了这些小问题就问别人是不是太没面子了？老师傅心里该怎么想我？他肯定会觉得我是空有一副皮囊，没有真才实学，还是不问为好。"

等到老师傅来问他有没有问题的时候，小明飞快地回答："没有问题，这些我在大学里都学过，很简单的。"他这么回答的时候，没有注意到老师傅看他的眼神，那不是夸奖和欣赏，而是疑问和质疑。

就这样小王每天无聊地看施工图纸，除了大学学到的那点东西，他一无所获。每当心中有疑问时，"不好意思"的念头总是会突然冒出来。每次老师傅问他的时候，他也总是回答没有问题，老师傅也没有说什么，但每次都欲言又止。就这样，一眨眼一个月的时间就过去了。

接下来两个月的现场实习，小王依然没有改变思想。现场历练和看施工图纸不一样，有很多的施工难题在施工

图上根本就反映不出来，小王在观察的时候也发现了许许多多的疑问点，但他还是一言不发。

转眼间，三个月过去了，到了试用期考核阶段。经过种种环节的考核，小王被判定不合格。事后，小王发现考核提问中的好多问题都是他在实习中发现的，只是碍于面子"不好意思"去问，所以才在回答中显得一筹莫展。因为"不好意思"，小王落了个惨遭淘汰的下场。

如何在职场中成长？这是一个职场人特别是职场新人亟须解决的问题。如何能在涉"职"未深之时少走弯路？放下"不好意思"就是很简单有效的方法。

故事中的小王就是典型的职场新人，他的心态还停留在学生时代。看图纸"走马观花"，说明他眼高手低。事实上，图纸能够显示的东西很多，大到建筑建构，小到建筑尺寸，都有可能出现问题。问题都存在于小处，需要用心去发现;有了问题不要"不好意思"，不懂装懂。小王有了疑问，非但没有去请教自己的师傅，反而心高气傲，以名牌大学毕业生自居，最终一无所获。更不能原谅的是，他从来没有认识到自己的错误。三个月的时间，他都没有改变过自己的想法。至于最后被辞退，也就在情理之中了。

所以职场中，我们不能只盯着自己，那样既长不高也看不远。"三人行，必有我师"，不懂的地方，我们就要不耻下问，"择其善者而从之"。

想要在职场中成长，我们需要做到好意思。要做到以下几点：

第一，认清自己。人要有自知之明，不能自欺更不能欺人。

我们要明白自己的优势和缺陷，这样才能做到扬长避短，有的放矢。对于自己的弱项，我们要尽量向别人学习，不要不好意思，因为每个人都有自己的弱项。不要像玻璃那样脆弱，而应像水晶一样透明，太阳一样辉煌，蜡梅一样坚强。既然睁开眼睛享受风的清凉，就不要埋怨风中细小的沙粒。

第二，切莫骄傲。在职场中，有一种人是招人厌烦的：心高气傲的人。容易骄傲的人，很不容易得人心。在职场中，公司要的不是孤芳自赏，而是团结协作。不要放过任何一个可以向别人学习的机会。

第三，主动出击。职场不像学校，没有人会主动问你哪里不懂。所有你不明白的问题，如果你不主动去问，那么就算它烂在心里，还是只有你自己知道。所以，我们要拔剑出鞘，主动出击。

第四，坚持不懈。职场很复杂，什么性格的人都会遇到。可能你问别人，别人对你不理不睬或者含糊保留。千万不能因为一次的碰壁就愤怒怯懦，因为绝大多数人都是乐意解答的，你只是不幸碰到了一个不善解人意的而已。

# 不好意思抢机会，怎么长经验

从小我们都接受"谦让"教育，孔融让梨的故事想必大家并不陌生。老师、家长都时时刻刻叮嘱我们："人要学会谦虚。"这也让我们从小就形成了谦让的习惯，不管干什么我们都不愿意去做第一个吃螃蟹的人。

步入职场我们才知道，什么东西都是需要自己去主动争取的。如果一味地谦让，一味地被动，那么没人会替你着急。经验就是船桨，没了船桨，构造再好的舟也只能是一种摆设。如何才能在职场中学到经验，靠的就是多问多练。机会是留给有准备的人的，如果你准备好了，那么机会一来，你就能立刻抓住它，实现梦想。

可是，在现实的职场中，很多人明明懂这个浅显的道理，就是不愿意去实施。结果往往是浑浑噩噩过日子，最后什么都没有学到，白白浪费了青春。

张伟和大志是同一所大学毕业的学生，两人毕业以后有幸进入了同一家公司。

大学的时候，张伟是班级的学习委员，成绩非常优异，几乎年年都拿奖学金，被同班同学戏称为"学霸"。只是他平时不怎么和别人交流，这是他的性格使然。张伟也知道自己有这么个缺点，所以他立志要在走向工作岗位之后锻炼自己的口才。大志是一个社团的干部，经常组织一些团内活动，性格非常活跃，也因为经常忙于团内工作，所以学习方面比张伟差了不少。

两人进了公司之后，就和一块报到的新同事接受培训。由于新人比较多，所以公司决定从这帮新同事里选出一名代表作为班长。和大学时候的流程一样，竞选班长需要做竞选演讲。一听到这个消息，张伟和大志就激动不已，都觉得这是一个不错的机会。不但能够锻炼自己的口才和心态，还能表现自己，说不定还能被老板赏识。两人心中有数，各自都做着打算。

听到消息的当天下午，大志就找培训老师报了名。因为是两天的时间，张伟没有匆忙地决定。他心想："我们都是大学毕业生，他们肯定都非常优秀，我和他们竞争肯定没有把握，更何况我本身口才就不行，万一演讲时无话可说，那该多尴尬！而且，我这么积极地竞选班长，肯定会有很多人对我表示不屑，他们肯定会认为我官僚思想严重，说不定他们以后还会因此而排斥我呢！为了一个小小的班长，不值得冒这么大风险，我还是等等看吧！"

就这样，张伟放弃了竞选。凭借出众的口才和老道的气场，大志顺利地当选了班长。

一个月的培训时间里，大志和培训老师相互配合，把培训班的秩序维护得非常好，从而保证了培训的完美结束。这一个月的时间里，大志除了要和培训老师沟通，还要做好新同事的思想工作。说实话，他学到了很多东西，并获得培训老师的一致好评。经培训老师向老板反映，特地授予了大志"先进员工"称号。在结训典礼上，老板亲自给大志颁发荣誉证书，并给了他亲切的鼓励。而张伟，在大志风光无限的时候，只能充当一名看客。

在这之后，公司又给新员工很多历练的机会，可是张伟都抱着和往常一样"不好意思"的态度，所有工作一直都不怎么适应。大志却每次都能积极而上，个人业绩屡屡攀升。一年过去了，大志由于突出的业绩深受老板赏识，升为了主管。和大志相比，张伟就黯淡很多：虽然他终于对工作上手了，但是个人业绩一直都不稳定，一年过去，不但没有加薪，人也老了许多。看到身为大学同学的大志飞黄腾达，自己却一事无成，张伟只能在生活的压力下顶着失落忙碌于工作。

职场处处是学问，只要我们主动去问去学，那么我们就能获得意外的惊喜。同为职场人，已经没有了学历和家庭的比较，只有对自身要求的严厉与否。

就像故事中的张伟和大志，两人是大学同学。同为一所大学的毕业生，两人几乎没有什么差别，甚至单纯从学习方面，张伟还占据了绝对优势。然而一年以后，两人的待遇却有天壤之别，这是由什么造成的呢？

一方面是性格。从另一方面来说，角色转变也占了很大的比例。张伟之所以不能去抓住机会，是因为他的思想和心态还停留在大学阶段。大学时，有老师主动教你。然而到了职场，情形一下子就变了，没有人再来主动问你这做了吗，那会了吗，这里只有"做好了吗"？张伟没能很快地实现角色转变，从而导致思想和行动上比大志慢了一拍。也就是这一拍，本可能属于他的机会就被别人抢走了。

在职场中，每个人都是潜在的竞争者，如果你不主动学习，那么别人就会超过你。如果不想被别人甩得更远，你需要做到以下几点：

第一，实事求是。"知之为知之，不知为不知，是知也。"孔夫子的话不是随口而说的。作为职场人，一样要诚信，这不仅是为公司负责，更是为自己负责。知道的，我们需要寻找更好的方法；不知道的，我们要真诚地请教别人，放下你的那些"不好意思"，因为那会是你的绊脚石。

第二，做好准备。机会是留给有准备的人的，但是成功属于准备好的人。有准备的人能够及时地抓住机遇，学习经验，提高自我；而准备好的人却能让机会转化为成功。如果你还在"不好意思"，那么你连准备都没有，幸运女神会青睐你吗？

第三，勤学好问。任何一个人开始的时候都不是随身携带着经验，之所以获得"经验"，都是亲身经历、亲身体验的。让自己的嘴和手都变得勤快一点，百益而无一害。任何一个老板都不会讨厌一个勤学好问、提升自我的好员工。

# 不好意思维权，不公平待遇里便总有你

◆

在职场这个大社会里，鱼龙混杂，并不是每个人都能做到互帮互助，团结和谐。恶语中伤，甚至大打出手的大有人在。千万不要被你看到的、听到的所迷惑，即使那是你亲眼所见、亲耳所听。在职场中，你要让自己相信每个人都是老油条，他们不会把自己的真实想法和情绪表达出来。彼时他对你称兄道弟、推心置腹，此刻他很可能在老板面前口蜜腹剑、赐你小鞋。这就牵扯到了个人名誉和权利，你如何才能去维护它呢？

不管是在生活中还是在工作中，我们都会遇到这样一些小人，从而苦恼不已。在生活中，倒还好解决，就算不能阻止别人的恶言相向，我们大不了另寻它道，眼不见心不烦即可；可是在工作上，这样的事情就变得很棘手。同为一个公司，甚至同在一个办公室办公，一天到晚抬头不见低头见，如果遇到类似问题不能及时解决，我们势必会被这等事情搞得头昏脑涨，不胜其烦，不但影响个人心情，甚至会耽误工作。可是就是因为这一点，很多人都会有顾忌，毕竟都是同事，没有必要把关系弄得那么紧张。可是，这恰恰给那些小人以可乘之机，他们很可能以为你胆小怕事，就暗地里做各种事情让你不爽。

　　李萍现在就职于一家网络公司，主要负责电子商务。她的主管是一个四十多岁的中年妇女，为人尖酸刻薄，深为下属所厌。

　　据同事们反应，李萍是一个典型的老好人，为人和善，性格偏软。因为工作十分勤奋，所以业绩非常突出。按理说，这样的员工应该深得领导喜爱，可是最近李萍却遇到了烦心事，苦不堪言。事情还得从两个月前说起：

　　两个月前，李萍的上级主管由于升迁被调走，公司空降了现在的主管，李萍的霉运就从此开始了。

　　不知是什么原因，新来的主管总是看李萍不顺眼。比如李萍上个厕所、喝个水时间长了点，她都会有意无意地说几句。这倒也罢了，就当她是更年期提前了，李萍假装没有听到。可是最不能让人忍受的事情还在后面。

　　有一次，李萍替一个生病的同事做未完成的工作，因为第二天客户就要资料，时间紧迫，李萍迫不得已加班了。谁知道，这新来的主管不管三七二十一，对着李萍就是一顿数落，说什么上班时间不把工作完成，却等到下班了装积极。当时听到这句话，李萍气不打一处来。

她心想："这到底是一个什么样的上司！什么都不问清楚就批评人，还说那么难听的话；我不奢望得到她的赞扬，但也不至于受到这样的打击啊！"她真想找主管说个一清二楚，还自己一个清白。慢慢地气消了，李萍心里又想："哎，算我倒霉，碰到这么一个不明事理的上司，虽然这次不是我的错，但人家毕竟是上司，让我找她当面对峙，也确实有些不好意思。人毕竟都会犯错，且原谅她这一次。"

但是令李萍快要崩溃的是，自从那一次事情发生以后，新来的主管变本加厉。事情发生后的一个月，李萍被她强制加班，每天都要加班到晚上八点，而且到现在都没有停止的意思。

兔子急了也会咬人，即使李萍再好的脾气，对这样的事情也几乎失去理智，她恼羞成怒："这个主管脑子有病吧！这不是明摆着欺负人吗？她凭什么要我义务加班，我又不欠她的！"

可是说归说，做归做。李萍终归不好意思去找自己的主管讲理，她也只好承受着不知何时是个头的煎熬。

从李萍的故事中，我们可以看出，李萍真是错失了成长机会。从为人处事方面来说，李萍是一个性格软弱的人，不会正常维权。也正因为她的"不好意思"让她受尽了非人的不公平待遇，受尽了折磨。

如何才能不重蹈李萍的覆辙，我们需要做到以下几点：

第一，做好自己，尊重别人。

"己所不欲，勿施于人。"只有你尊重了别人的劳动成果，别人才会对你表示尊重。而如果你能做好自己的本职工作，不仅会得到上司的欣赏，还能得到同事的认可。

第2章 不好意思＝错失成长

第二，据理力争，捍卫权益。

受到不公平待遇时，不能因为对方是上司就忍气吞声，不能因为是同事就不好意思，你都不在乎自己的权益，那么别人就更不在意。

第三，审时度势，合理维权。

当你的权利受到挑战时，我们不能因此就暴跳如雷，我们需要保持理智，在有理有据的基础上反驳和维权。我相信，如果不是碰到蛮不讲理的人，这一招肯定能奏效。

# 不好意思＝失财

# 不好意思"叫卖"，便赚不到钱

做过生意，摆过地摊的人都知道，当你第一次把货品摆在摊位上，看着眼前人来人往的人们，感觉似乎还缺点什么。不错，那就是——叫卖。如果你是第一次在公众场合做这样的事情，那么，你肯定会不好意思叫卖。

这时你会发现一个问题，旁边用小喇叭或者干声叫卖的人吸引了很多人前去观看，时不时地有客户与老板成交。而你这里却是异常冷清，没有一个客户驻足观看，更不用说成交了。自然，你也是赚不到钱的。

有句古话叫："酒香不怕巷子深。"意思是说我的酒做得好，不用宣传叫卖，即使在很偏僻的地方也不怕，生意照样会很好。可是在当今信息高速流通、产品竞争激烈的时代，即使你的酒再香、产品再好，如果不"喊"出来告诉大家，那么，有需要的人未必就会选择你，他们可能会选择其他"叫"出来的同类商家。

"叫卖"用当代较为专业的术语表达就是广告、营销。其目的就是信息的传递，让大家完全知道你是做什么的，能够提供什么样的服务等，给大家构建一个便于选择的条件。其实不光是做买卖，工作中也需要有这种好意思叫卖的勇气。如果你工作能力很强，但是在面试时或者在新公司工作的时候，不好意思展现自己的能力，那么你的领导就看不到你这个人的特别能力，一方面会有碍你事业的发展，比如难以得到更好的工作机会、职位等；另一方面你的待遇、前途等也会不乐观。

　　小吴大学毕业已经有一年时间，在这一年中他做了好几份工作，但没有一份觉得适合自己，所以大多也都没干多久。这不，最近他又从一份文员工作中辞职了，原因是工资低，工作就是打杂，没啥前途。

　　辞职后的他在家待了半个多月，与好多大学同学进行了联系与沟通。他得知有些同学工作蛮好，发展良好；有些同学已经开始了创业之路，虽说很辛苦，但是讲起自己做的事情来也是激情饱满；而且，有些同学想创业，但又资金不足，于是做起了摆地摊的工作，每月的收入比一个白领挣得都多。

　　看到同学们个个都发展得不错，他也有了创业的打算，思来想去，做什么项目最好呢？最后他决定，上街去摆地摊。因为这个项目投入少，赚钱也不会太少，更重要的是能够锻炼自己，为

第3章　不好意思＝失财

以后更好地创业打好基础。

因为他从小对盆景比较感兴趣，所以他很快就确定了创业方式。小吴去花卉市场进了一批盆景来卖，据他观察，他摆摊的那条街边上有好几个小区，经济收入都在中上等，而且每天的人流量也不少，街上摆地摊的人也挺多，可谓是天时地利人和。

但几天下来，他的生意冷冷清清的，而他旁边的地摊生意却都非常红火。

小吴觉得很是纳闷，天时地利都不错，为何自己这里没生意呢？这时一个老大娘走到他面前，温和地说："小伙子，你是第一次出来摆地摊吧？"

小吴："是啊，第一次出来创业。"

老大娘："怪不得呢，你这样做生意是不行的，你要叫卖，你看旁边的摊位，不是小喇叭就是高声地叫卖，这样人们才能注意到你啊！"

小吴："大娘您说得对，可是我总觉得不好意思喊。"

大娘："呵呵，第一次都这样，试着喊几次就好了。"

小吴听了大娘的建议，开始试着叫卖，可总是觉得不好意思，开不了口。最后，他深深地吸了一口气，终于喊了出来："上好的盆景，价格便宜、造型独特！"当喊出第一句后，慢慢地他觉得没有什么不好意思。更让他意外的是，听到他的叫卖声后，好多人都围了过来……

这天，小吴卖出了 12 盆盆景，净赚 150 元。


创业能够成功的因素有很多，如小吴在故事中分析到的天时、地利。但是叫卖，也就是宣传，也是影响创业是否能够成功的重要因素之一，直接影响着产品的知名度和影响力。

大多数人在做一件曾经没有做过的事情的时候，除了有新奇、激情之外，总是有意无意地注意别人对自己的看法。也就是案例中小吴表现出来的不好意思。只要你勇于迈出第一步，就会慢慢适应的。也只有打消"不好意思开口"的念头，才能把事情做好，达到自己预期的效果。

做生意就得敢吆喝，大力宣传，别不好意思。在你做某些事情却感到不好意思开口的时候，不妨试用以下两个方法：

**第一，约上朋友一起。**

如果刚开始实在不好意思开口，那么，你可以约一个朋友一起和你做这件事情，即使让朋友站在你的身边，也能够提升你的自信，促使你有信心开口。如果你经常逛商场，时常会听到促销员、营业员三三两两的叫卖声，这样做的目的之一就是彼此提升叫卖的勇气与动力。

**第二，想想自己做这件事情的目的。**

不管是摆地摊还是发传单推广产品，在感到不好意思开口之后，想想自己为什么要做这件事情？做这件事情对你意味着什么？当你明白其中的答案后，相信你会更加有勇气做你应该做的事情，你会明白"放下该放下的，拿起该拿起的"这句话之中的真谛。

# 不好意思还价，便只能多掏钱

情景1

客户："老板，这双鞋多少钱啊！"

营业员："这是我们店的新款，今年最流行的，最低380元。"

客户："嗯，确实看着不错，给我包起来吧。"

……

情景2

客户："老板，这双鞋多少钱啊！"

营业员："这是我们店的新款，今年最流行的，最低380元。"

客户："嗯，看着确实不错，就是有点贵，便宜点我拿一双吧！"

营业员："如果你诚意要的话，330吧，不能再少了。"

……

经过讨价还价，客户最终以300元的价格拿下了这双鞋。

不同的客户购买同样一双鞋，最后却以不同的价格成交，差价达到了80元。为什么会出现这样的结果呢？没错，问题就在于讨价还价。情景1中客户没有进行讨价还价，情景2中客户进行了讨价还价，因为讨价还价，所以便宜了80元。显然，进行讨价还价对于消费者来说是有好处的。

客户1之所以没有进行讨价还价，主要原因有：

第一，客户经济比较富裕，380元买一双鞋对他来说微不足道。或者因为经济富裕，不习惯讨价还价。

第二，客户爱面子，不好意思讨价还价。他认为讨价还价会降低自己的身份，会让他觉得脸红、不好意思。

所以，你不好意思，便只能多掏钱。

郑梦和李飞在某市同一家移动公司上班，两人今年都是25岁，青春年龄，风华正茂。俗话说："爱美之心，人皆有之。"再加上两人都是女性，所以，她们非常爱美爱打扮，尤其是对衣着非常讲究。

尽管两人每个月的工资都不是很高，但是为了让自己更加靓丽漂亮，她们和很多年轻女孩一样，宁可少吃一顿饭，成为"月光族"，衣着打扮的钱一分也不会省。

从每个月的经济状况来说，虽然两人每月的工资是一样的，但郑梦的经济总是要比李飞宽裕一些，比如，每次到月底的时候，李飞总是要向郑梦借钱，这是为什么呢？

有一天，李飞一大早就满脸笑容地来到办公室，看似心情非常不错。郑梦看到李飞心情如此之好，大致也猜出了一二，仔细对李飞进行了观察。果然不出她所料，李飞今天穿了一件非常潮的裤子，很是漂亮。郑梦想："怪不得这丫头今天这么嘚瑟，原来是穿了一条新裤子啊！"

刚刚坐到位子上，郑梦就说："呦！丫头，刚买的新裤子啊，真漂亮，多少钱啊？"

李飞得意地说："昨天刚到某某牌专卖店买的，今年的最新款，怎么样，还不错吧！"

郑梦微笑着说："嗯，确实漂亮，眼光真不错，下午下班陪我

43

也买一条去吧，这样，咱才能算是姐妹嘛！"

李飞说："不行，下午我同学过来了，我得去接，这样，我告诉你地方，你自己去买吧。"

随后，李飞告诉了郑梦地址，下午下班后，郑梦来到了这家店，也找到了那条裤子，开始和营业员沟通。

郑梦："这裤子多少钱？"

营业员："430元。"

郑梦："430元，虽说是最新款，但是这也太贵了吧！"

营业员："我们这可是品牌产品，那您觉得什么价格合适呢？"

郑梦："350吧，350我拿一条。"

营业员："这肯定不行……"

通过郑梦与营业员的讨价还价，裤子最后以370元成交。

第二天早上上班，两人在公司门口遇见了，李飞看到郑梦身上的新裤子，迫不及待地开始了交流。

李飞："裤子买了啊，没想到你穿着这么漂亮……"

郑梦："你穿着也不错啊，对了，你买的时候多少钱，我看有没有被宰！"

李飞："430呀！"

郑梦："什么，我买的370哦，看来是你被宰了啊！你怎么没有砍价啊！"

李飞："没有啊，我看是品牌店，所以不好意思砍价，哎！看来我一个星期的午饭又没有了啊！"

讨价还价是生活中一个很正常的事情，特别是在同类商品众多的今天，对于大多数人来说，讨价还价已经是生活中不可或缺的一部分。比如，上面故事中的郑梦就比李飞多些生活之道，所以李飞才过得紧巴；还有去菜市场买菜，有经验的老大娘一定会和菜贩子讨价还价一番，一次必然会省好几块钱；去逛街，有经验的大妈一定会将想买的产品价格砍到最低。不要小看每一次不起眼的砍价，今天也许只是省了几块钱，但是积土成山，多年之后，这将是一笔不菲的数字。

假如你在砍价的时候会觉得不好意思，有必要去克服一下。

**第一，克服心理障碍，买家没有卖家精。**

有些人在砍价的时候，总是会担心人家会不会没得赚，怕会遭对方白眼等。这些担心都是多余的，俗话说："买家没有卖家精。"有些商品，你永远也不知道对方的最低价是多少。你要知道你是消费者，有权利和对方讨价还价，即使对方不同意，大不了不买去其他家，没有什么可担心的。

**第二，看穿商家心理，能宰一个是一个。**

虽然不能说现在商家的心理是"能宰一个算一个"，但大多数商家都希望以最高的价格卖出自己的商品，没有一个商家想着以最低的价格甩货。所谓经营，就是以最低的成本获取最高的利益，这是经济学的基础。所以，当你明白商家这个心理的时候，还会商家要多少钱你给多少钱吗？

**第三，一句话试"深浅"。**

如果你真的抹不开面子，不好意思还价，那么，在对方说出价格的时候最起码要用一句话回应营业员。如"便宜点吧""最低咋卖"等。随后，如果商品能够优惠，对方通常会告诉你另外一个价格，这个时候如果你还是不好意思还价，那么也可以成交。

因为这个价格虽然不是最低价，但最起码是一个合理中等的价格，你也不会吃亏上当。

总之，对于讨价还价不要觉得不好意思，没有面子。即使没有面子也是对着老板一个人，你和老板又不是要长期打交道。这并不能说明你小气，而是要懂得节约，毕竟每个人赚钱都是不易的。

# 有些债，你不提醒就要不回来

一分钱难倒英雄汉，讲的就是人总有为钱犯难的时候。所以，当手头缺钱又急需用钱时，就需要向别人借。我们向别人借钱时，可以控制自己的利益，因为我们可以控制自己的品行，要么如期归还所借的债，要么逾期不还、坐等要债，在别人面前失了德行。

换个角度再来说，如果别人借了我们的钱，钱已进入别人口袋，借钱行为已经发生，我们便控制不了自己的利益了，因为我们控制不了别人的品性、德行。

如果是品德良好的朋友尚好，不用过多纠结，最多待到对方承诺还债期限，甚至远不到那时对方就已经主动将钱还给自己了。这是幸运的。

但如果我们遇到的是品德较差或者说记性较差的人，承诺期限到了，对方却不还钱，你怎么办？

对此很多人是不愿意主动催债的，因为但凡能从自己手中借走钱的，要么是沾亲带故的亲戚，要么是关系十分要好的朋友，对方不提还，自己怎么好意思要呢？

如果是上万、几十万、上百万的大债也许值得厚脸皮一下，但如果只是几百、几千的小钱，自己怎么好意思放下脸面去要呢？

更有甚者会想：大不了不要了。于是，别人获利几百上千，你却损失了辛辛苦苦赚来的血汗钱。

也有人会想：就当花钱买教训，以后再也不借给他钱，也不和他打交道了。既然连绝交都好意思，怎么就不好意思把钱要回来呢？也许对方是真的忘了，只欠你一句提醒，钱还了，隔阂就不复存在了。

小西：“小米，在吗？”

刚洗完澡坐在电脑前，小米就收到了好朋友小西的消息。

小米：“在啊。今天怎么有空找我聊天啊？”

小米快速地回复了过去。接着，小米收到的不是小西的回复，而是一串网络链接地址，小米随即点开，想要一看究竟。网页还没有打开，小米就在聊天的对话框里看到了这样的话：“帮我看看，这件衣服漂亮吗？看来看去，一个小时了，就觉得这件最中意了。”

此时网页打开了，果然是衣服的介绍，单从网页的介绍来说，自然是十分漂亮。小米不禁暗笑：女人啊，永远对漂亮的衣服缺乏免疫力。

小米：“很漂亮呢，好像还是个品牌呢，这样算来价格也还行，228 元，便宜了一半呢。”

小西："唉，我也是这样想的，所以才找你帮帮忙喽。"

小米："……怎么说？"

小西："我专门负责网购的卡里没钱了，刷完了。其他银行卡又都没有开通网银，因为怕不安全，所以总是这张网购专用卡里没钱了，再从其他银行卡里取出来存进去。这大晚上的，恐怕办不了了，可是这衣服不等人啊，明天就恢复原价了。急人啊！所以想请你帮忙先结个账呗。"紧接着还发了一个笑脸和"可怜巴巴""求求你"的表情。

小米："哈哈，这有何难！收件地址发来，这就给你办喽。"

小西："谢啦！最近闲时去银行把钱充了就还你哈！等下把你的卡号发给我。"

就这样，一周过去了，小西始终没提还钱的事。小米心想：可能最近工作忙，没顾得上去充钱吧。

一周复一周，一个月又过去了，小西还是始终没提还钱的事。小米偶尔会主动上线找她聊聊，拉拉家常，但聊东聊西就是不提钱，可是小西也是同样，对于钱一个字也不提。

小米的对话框里始终打了几个字删掉，再打几个字，再删掉，就这么来来回回的，不知道该说什么好。这么来来回回删掉的无非是以下几句话：

· 小西，你网购的卡里存钱没？

· 小西，你上次的衣服穿着怎么样？

· 小西，我上次发你的账号你有收到吧？

但最后，小米内心的挣扎让她删掉了这些话，她觉得：这要账的痕迹也太明显了吧？不行不行！

之后，小西的心里是否纠结尚不知，小米是纠结不已，并且

48

持续苦恼中……

案例中的小米就是典型的被不好意思折磨至深的人。钱虽然不多，但始终是自己辛辛苦苦赚来的钱，却被别人拿去白白地用了，心里自然不舒服。

那么，是出于什么样的心理，小米始终开不了口要债呢？据分析，一方面担心借钱的朋友说自己小气，二是怕在朋友圈子中伤了面子。

遇到这种情况，其实大可不必想太多，钱是自己的，该要则要，顾及太多，吃亏的反而是自己。

当然，要债不一定非要双手叉腰，摆出黄世仁的恶霸气势，委婉一些,大大方方的其实也可以尽可能不伤大雅地把钱要回来。

基本可以分为以下几步：

**第一步：等待。**

通常在借钱时，借钱者都会不由自主地说出一个期限，明确的或者大约的时间，如：

"我下个月发工资了还给你啊。"——这表示他给你的期限是一个月，最多一个月，那不妨等一个月。

"下半年我的款就慢慢开始进来了，到时候手头一松就立马还你。"——这表示他给你的期限是 6 ~ 12 月这几个月里。六个月太长，能够拉这么长的战线往往涉及资金不会太少，否则一个人跟你借1000 元也要还半年，这种情况恐怕也不需要抱太大希望会还了。但既然借了，则说明你这钱能够闲半年，倘若关系够铁，不妨就等半年。

第3章 不好意思 = 失财

三天、五天、一周、一个月、半年甚至是一年，通常会有个明确的或者大概的时限，对方借钱的时候有表明，你借了，从某种意义上讲，你有三成的义务来等这个期限。说是义务似乎有些严肃，说是"仁义"恐怕更贴切。

仁义过后，如果对方没能"准时"地还钱，那你也算是仁至义尽了，可以适当提点一下，主动出击了。

**第二步：提点。**

提点，是介于"继续等待"与"明着要账"之间的，就是通过暗示性、引诱性的语言让对方主动想起来"该还钱了"。

到了期限不还钱的情况有以下几种：

（1）真的忘了，不记得了。

（2）装糊涂，你不主动要，我就不主动还，脸皮厚点还能当钱花花，完了还不损朋友关系，我该怎么活就怎么活，你要真要了，我就说我忘了，一句"不好意思"就什么都解决了。

（3）就是想赖，压根儿就没打算要还。这种情况还有其他一些附加征兆，如电话打不通，短信不回复，QQ 不在线，发邮件也石沉大海……

提点时也要讲求一些技巧，比如谈一些与借钱有关的话题。

就拿案例来说，小米可以问小西：

·"上次那衣服你收到了吗？穿上效果如何，你也不拍张美照给我看看。"

·"你太明智了，上次那衣服真的很划算，我这几天也想着要不要买一件，可是总也等不到它做活动。你当机立断，太佩服你了。"

小西是因为衣服，或者说是"以衣服为由"来向小米借钱的，所以提起这件衣服，便比较容易勾起小西对当时情景的回忆。如果她是暂时性忘了，那一旦想起来，就必然会提及还钱的事。

**第三步：直白地开口要。**

所以，不管是哪一种，能稍稍一提点就想起要还钱的，还算值得交朋友，如果不把你的提点当回事，继续和你揣着明白装糊涂，那就不需要再有过多的顾及了。

直截了当地问："你不是还借了我 3000 元吗？怎么不打算还了呀？"

当然也可以给对方留个最后的仁慈，让对方有个台阶下，可以带着开玩笑的语气问对方：

·"你借我钱也不还，我这都弹尽粮绝了，不主动找你要可真活不下去了。钱我不要了，不过你得养着我啊……哈哈。"

·"你对我可得恭敬点，好歹我算是你的债主吧，钱只要一日不还，我就是你的债主，有高你一等的特权哦。"

·"那个……我想向你借点钱，最近有点事急需用钱。"

对于最后这一点其实是最好用的。此话一出，如果对方说"什么借钱啊，我还欠你 5000 块呢"，如此一来，不费吹灰之力便水到渠成了。当然，对方这么说了，接话也要有技巧，直接应了，就太明显地在告诉别人——借钱是幌子，要债才是真。

此时不妨说："我已经算上这 5000 元了，不够，你能再借我点不？我过两天就还你。过两天我就有账进来了。"

不管对方借给你多少，在一两天之内还给他就是了。如果不想花费手续费的话，那不妨再编个理由，比如："我也知道你可能不宽裕，这样，你先把 5000 元给我打过来，我向其他朋友借借，够的话就不找你了，不够的话再找你添。当然，尽量不麻烦你们就好了。"

但是，如果对方说"我也没钱，穷着呢"，不但不主动提欠你钱的事，还哭穷，那就要下猛料了。比如直接说："别呀，我可不是来催债的，我真是来借钱的，急用。除了我借给你那 5000 块，我还想跟你借 5000 块，好解一解我这燃眉之急。"

这样一来，等于说你要让对方最好立马能拿出 10000 块来，对方如果讨价还价，可能便会说"这样，我凑一凑，先把 5000 块还你，其他的我再想想办法"；可能对方并没打算再额外地借给你钱，当然你也不需要了。

这么做的原理就是，人心如此，你对他先提出大的要求，然后再提出小要求，那么他自然会选择小要求。但如果你直接提出小要求，他恐怕满足小要求的可能性就是 50%，甚至更少。

## 亲兄弟不明算账，就是笔"糊涂账"

◆

在日常生活中，经常会遇到这样一类的经济纠纷，比如兄弟姐妹、叔侄舅甥、表亲妯娌、多年挚友等，他们常常会因为财产分配不均、权利划分有差别、经济权利各执一词达不到统一而争吵不休，甚至大打出手。

昔日的好友、兄弟，为何会为了利益而闹得不可开交呢？其主要原因就是：亲兄弟，没有明算账。进一步剖析，为什么没有明算账呢？大多数原因莫过于因为是"兄弟"，所以不好意思明算账。

一个简单的不好意思，往往会导致意想不到的后果。因此，对于经历过此类事件的人来说，他们都有一个共识，那就是："亲兄弟，明算账。"解决此类问题的最好方法就是在形成债务关系之前，抛开"兄弟"之间的不好意思，明确问题，清楚各自的责任，公开透明地分割利益关系。

可是，这是最好的解决方法吗？如果是，我们该如何解决各自心中的障碍呢？这样做会伤害"兄弟"之间的感情吗？该如何权衡呢？

**故事一：**

某媒体曾经报道了这样一件事情。在某经济不是很发达的地区，有两个兄弟，一个叫李辉，一个叫李磊。为了在当地干出一番事业，让自己有更多的收入，两人把之前外出打工积攒的钱拿出来合伙开了一家运输公司，这期间，运营管理主要由李辉负责。

可是没过几年，因为公司连续亏损，资不抵债，眼看就要倒闭；于是李辉找到了李磊商议，李磊说自己想接手过来，重新东山再起。对于李磊的想法，已经心灰意冷的李辉持反对意见，提出要退出股份，从公司抽出当初合办公司时自己投入的资金。

然而问题是，一方面，因为公司已经出现了好长时间的连续亏损，如果李辉退股，抽走资金，势必会让公司倒闭。另一方面，当初兄弟二人创办公司的时候到底谁投入了多少，都是一个模糊的数字，并没有一个有效的数据表明各自投入了多少钱。之所以会出现这种情况，当初兄弟俩觉得，算清各自投入多少钱总有些不好意思，会伤了彼此之间的感情，所以，这个数字就成了一笔糊涂账。

因为李磊不让李辉抽走资金，两人发生了纠纷。一天晚上，李辉喝完酒之后，借着酒劲拿着一把匕首来到了哥哥李磊的家中讨钱。父亲见此情况，赶紧报警，幸好警察及时赶到，才避免了一场亲兄弟之间的打斗。

**故事二：**

李某是借张某两万元压箱底钱起家的，在公司发展的过程中，张某也帮忙销售了不少产品。当李某的企业越做越大后，给张某偿还了当时十几倍的钱，但是李某无论怎么还都还不完这笔钱。这是为什么呢？

原来张某认为，自己的两万元属于李某公司的股份，公司现在已经上市，那么，李某借他的钱就不仅仅是两万元了。

关于此事的解释是这样的，两人在发生借贷关系的时候，因为关系非常好，亲如兄弟，曾经一起吃过苦受过难；所以，在李某创办公司的过程中，对于这两万元的利益分配并没有明确，想着大不了以后高倍还给张某；而张某以为这是他对公司的投资……

为此，昔日很好的朋友闹上了法庭。

这两个故事中之所以会发生利益纠纷，有这样几个共同点：

曾经关系非常好、经济利益分配协商不周到，形成一笔糊涂账。而之所以会出现糊涂账，就是因为曾经关系太好，都不好意思明确彼此之间的利益关系及分配问题。这是导致"兄弟"反目成仇的主要原因。

也许有人会说，"兄弟"之间如果没有了义气，什么事情都斤斤计较，算得清清楚楚、明明白白，这样会影响彼此之间的感情，而且也很难交到朋友。其实不然，"亲兄弟，明算账"并不是弃"兄弟"情谊于不顾，而是为了长久地维系、保障彼此之间的兄弟感情。所以，不要把"亲兄弟，明算账"当作是一件不好意思的事情。

"亲兄弟，明算账"还能够为我们带来很多好处。

**第一，有助于解决家庭纠纷，润滑彼此之间的关系。**

前面曾提到，亲人之间总是会出现一些经济、遗产等纠纷，比如故事一中的两兄弟。经济与情感的冲突似乎时常都能够听见，也是很让人无奈和难以选择。在叹息、伤感、无奈之余，你一定曾想过：如果在问题发生之前就能够明确利益关系，做到"亲兄弟，明算账"，而不是顾及情面，那么，就不会产生这么多的家庭纠纷。

**第二，有助于友情长期的维系。**

俗话说："初次相交甜如蜜，日久情疏喜变忧。"可见，交一个知心朋友是多么的困难，而如果要和知心朋友相交一辈子，那更是难上加难。之所以对方会成为你的知心朋友，大多是彼此在长期的交流及博弈中建立了感情，就像经营自己的事业一样，是一点点积累起来的。若是因为利益冲突而破裂的话，这将是非常令人伤心的事情。

比如，有的人和自己最好的朋友在一起开公司，前期因为不好意思以及面子问题，没有将各自的投资入账或者确定各自所拥有的股权。但随着时间的推移，经济、管理问题的突出，这种弊端就会暴露。结果好的是一拍两散，坏的对簿公堂、把对方视若仇人。所以，"亲兄弟，明算账"，可以让你的友情更加长久。

**第三，有助于企业的持续发展。**

一个企业要高效运转，必须是建立在一定准则之上的。在电影《中国合伙人》中有这样一个片段，当三个好朋友最后决定是否应该让公司上市时，出现了意见不统一，不仅影响到了三个好友之间的关系，而且直接影响到了企业的发展。虽说是电影，但是在现实生活中，这样的事情也时有发生。

一个企业，如果合伙人的产权不清，即使企业能够正常运行，久而久之，也会产生很大的内耗，制约企业的高速发展。因为在这期间，由于产权不清，人际冲突、关系协调等事宜会增多。

因而，可以说"亲兄弟，明算账"有助于明晰企业股权，降低企业合伙人之间的内耗，从而促进企业健康持续发展。

# 第4章

# 不好意思＝麻烦事缠上身

# 你越"不好意思"，别人就越"好意思"

不管是在生活中还是工作中，一个不懂得拒绝他人的人，一天总是忙得不可开交，遇到很多的麻烦，而自己的事情却做了很少很少。这往往会极大地降低自己的工作效率。

因此，在社会混迹多年的人都知道，有时候要懂得拒绝，要明白用什么方法去拒绝。其实，很多人都明白这个道理。但是需要自己去实施的时候，始终无法做到。于是有些人说，这类人不懂得拒绝，没有把握拒绝的技巧与方法。其实不然，让这类人总是无法做到拒绝的并不是他没有把握拒绝的技巧，也不是不知道拒绝的重要性，而是不好意思拒绝。

因为不好意思拒绝，所以有些事你不得不做，有些忙你不得不帮，为此，你看似每天忙忙碌碌，而自己的工作却完成得很少，就自身的工作效率来说，总是很低。尤其是对我们礼仪之邦的中国人来说，这种情况颇为常见。

有一位朋友，总是觉得自己心理有问题，那天他去找一位心理医生，问道："我这个人不爱计较，别人请我帮忙的事情，我一般都不会拒绝，尽管有时候自己确实不方便，但还是会帮他人去做,这或多或少会耽误我自己的事。我也想过像别人一样去拒绝，可总是感觉不好意思，总觉得都是举手之劳的事情，我是不是心理不坚定、缺乏原则，或者有其他问题呢？"

像这位朋友的情况，并不是他的心理不坚定，也不是他缺乏原则，而是由于他自身的不好意思。而且有时候朋友对你的这种不好意思会变本加厉地要求。比如，今天朋友请你帮忙写一个文件，明天他还会请你帮忙写一个文件，后天可能会请你帮忙写两个文件等。因为你的不好意思养成了对方懒惰的习惯，他们总是会想："第一次请你帮忙这么顺利，为何不来第二次、第三次呢？"

张力来自西北地区的一个农村家庭，父母都是地地道道的农民。从小父母就告诉张力，要与人为善，只有对别人好，别人才能对你好。正是这种淳朴的农民精神，父母在本地方的人缘特别好，当然，张力也继承了父母这一优秀的特点，在当地很受朋友喜欢。

家人为了让张力将来更加有出息，竭尽全力供给张力上学，张力不负父母所望，考上了一所知名大学，并顺利毕业。

张力的父母一直认为，只要大学毕业就能够拥有一个挣大钱、施展才华的工作，有一个能依靠一辈子的铁饭碗。可时代变化，时过境迁，当今的社会也不是张力父母想象的那样，毕业虽不完全等于失业，但是需要凭借自身的努力去寻找适合自己的工作。

幸运的是，张力毕业于一所知名大学，在学校的学习成绩也不错，专业知识学得很好，他很顺利地在一家外企找了一份收入、工作环境等各个方面都还不错的工作。

张力的主管叫李浩，是中国人；他有个同事叫皮特，是外国人。皮特和张力在工作中虽然属于平级，但要比张力来公司早两年时间。对此，张力对其很是尊重，皮特有什么需要帮忙的，张力都会答应去做。

随着时间的推移，张力几乎每天都要帮皮特去完成一些工作。本来主管分给他们俩每天的工作量是相等的，可是皮特为了早点下班去泡吧、约会，每天都会请张力帮忙做自己的工作，而张力的工作每天需要加班才能完成。因此，张力觉得太累，而且觉得一直这样工作下去也不是个事儿，但为了维护与皮特的关系，自己总是不好意思拒绝皮特的请求。

有一天，公司要做一个大项目，主管李浩为皮特和张力分配了满满一天的工作，两人只有加班到很晚才能完成。在下午快下班的时候，皮特用干涩的普通话又对张力说："今天要和女朋友约会，如果耽误了，女朋友永远不会原谅自己，拜托你帮我把工作做完好吗？"

张力看看自己一大堆的工作还要做，已经想好了拒绝皮特的要求，但当看到皮特微笑的眼神，张力不好意思说出口，鬼使神差地答应了皮特的请求。

那一天，张力工作到很晚才将皮特的工作做完（他觉得既然

答应了人家，就要先把人家托付的事情做完，这是他从小养成的做事准则），而自己的工作最终没有做完。

第二天，主管李浩询问工作情况，得知张力的工作没做完后，将张力叫到了自己办公室。

李浩："为什么皮特的工作做完了，而你的工作没做完呢？"

张力低头没有说话，李浩接着说："虽然这是外资企业，但是作为中国人，我觉得我们应该要比他们强才对，在工作中我们决不能够输给他们。"

李浩的话触动了张力的神经，随后他讲出了事情的实际情况。李浩严肃地对张力说："你乐于帮人的心态我理解，但是在外企，在这里，你的不好意思只会让他人对你变本加厉，会让他人觉得你乐意这样做，没有人会领你的情，因为每个人来这里的目的都是以做好自己的工作为主，最终受到损失的只是你自己，所以，不要让不好意思害了你！"

案例中张力的做人品质是值得我们学习的，但是这种助人为乐的品质要建立在自己有能力且有一定原则的基础之上。

助人为乐是快乐之本，但是也要讲究方法与技巧，否则，你不但得不到快乐，而且会感到累。对于别人的有些请求，你不必感到不好意思拒绝，因为你也有自己的事情要做，别人的时间值钱，同样你的时间也值钱。全面分析不好意思拒绝他人的人，一般都有以下特点：

第一，担心别人受损失。

担心在拒绝别人后对方会不开心、不高兴，甚至对自己产生负面的意见。因此，总是不好意思拒绝别人。

第二，为人比较被动。也就是说，这类人的高兴、快乐受他人的影响较大，个人是否觉得幸福，心情是否愉快，总是被他人的情绪、态度所影响着，因此属于被动型的人，对于别人的请求，总是不好意思拒绝。

第三，独立能力较差。喜欢依赖别人，缺乏主动性、灵活性，从众心理较强。比如，一件简单的事情和别人一起做会有条不紊，而自己做总是会乱了头绪。因此，在别人提出帮助的时候，为了迎合心理的愉悦，总是不好意思拒绝。

总之，做人要有一定的原则，该帮助别人的时候一定要伸出援手，不该帮助的时候一定要"好意思"拒绝，这样才不至于让自己陷入被动的生活中。

# 死要面子的结果往往是"活受罪"

很多人不好意思拒绝他人，其中还有一个原因，那就是面子问题。因为要面子，所以不免有时候会打肿脸充胖子，自己受罪不说，因为不好意思拒绝，往往还会使对方养成不好的习惯。比如对方请自己办事而自己没有能力办到，却因为面子问题不好意思拒绝，满口答应对方。结果是自己付出了百倍的努力可能也无法办到，当你告诉对方自己无法帮这个忙的时候，你是不是会感到更没面子呢？

关于死要面子问题，这一点在中国人身上体现得非常明显。比如让很多男人羡慕、让很多女人爱慕的项羽，在经历百战百胜后，因为最后的一次惨败，他长叹道："籍与江东子弟八千人渡江而西，今无一人还，纵江东父老怜而王我，我何面目见之？"

意思是因为自己打了败仗，所以没有面子去见江东父老。饮酒中，他对着宠姬悲壮地说："力拔山兮气盖世，时不利兮骓不逝，骓不逝兮可奈何，虞兮虞兮奈若何！"最后，项羽拔剑自刎。

试想一下，如果当时不是因为"无颜见江东父老"的面子问题，项羽如果能够想办法突围，必然会有东山再起之日。而恰恰就是因为面子问题，他挥剑自刎，留给后人的只有英雄气概。

面子问题已经在某些中国人的身上根深蒂固，很多人觉得别人有事请自己帮忙那是看得起自己，是自身能力的一种体现。确实有这种情况，但是，如果你不顾自己是否有能力办到，只热衷于享受别人给你的面子而不好意思拒绝对方，那么在实行的过程中，极有可能会出现让你"活受罪"的情况。

郭浩是一个非常热心的人，当然他也是一个非常爱面子的人，只要别人请他帮忙的事情，他从来不会拒绝。他觉得能够时常被人惦记着，经常有人请自己帮忙是自己人缘好，招大家喜欢。所以，不管多么困难的事情，宁可自己的事儿不干，也要帮别人去完成。

关于这一点，郭浩的妻子莉莉非常反感，总是骂他死要面子活受罪。而郭浩却一直不以为然，觉得男人就应该活得有面子一些，被别人看得起、被重视才是最重要的。

这天下午，他刚要出去接上小学的孩子，邻居张大妈找到他说："我们家水龙头漏水了，你看能不能帮我修修啊！"如果郭浩答应张大妈的要求，孩子肯定要在小学门口等一段时间。但为了面子，郭浩没有拒绝，大方地说："没有问题，走，带我去看看。"

这天，水龙头漏水修了将近一个小时，当他修完水龙头赶到学校门口的时候，发现孩子不在，随后打电话给妻子，才知道因为孩子等不到他，老师给他妈妈打电话，是他妈妈把孩子接了回来。为了此事，妻子和郭浩生了两天的气，但郭浩还是不以为然。

眼看快要过春节了，公司中外地的同事买火车票回家成了一件难事，因为每年春节，火车票总是一票难求。

郭浩有个领导是外地的，他知道郭浩喜欢帮助别人，而且是本地人，心想他一定有门路买到火车票。于是这天该领导对郭浩说："郭浩啊！你是本地人，我知道你人脉也比较广，你看能不能给我买两张 27 号或者 28 号去长春的卧铺火车票啊？"

郭浩一听是领导有事请自己帮忙，这说明是领导看得起自己，心想："买个火车票有啥难的，打电话、登录官方网站都可以买，不行自己排队去买。"于是他满口答应了领导，之后领导还不忘夸他够义气。

回到家后，郭浩开始打电话、上网购票，这时他才知道真的是一票难求，火车票特别紧张。27 号的票已经没有了，要买 28 号的票，晚上 12 点过后才开始卖。无奈，为了完成领导交给自己的任务，他穿起了大衣。妻子问他："都快吃晚饭了，你这是干啥去呀？"

郭浩说："我去火车站排队，帮单位同事买火车票……"

郭浩的行为就是典型的"死要面子活受罪"。

这样尴尬的事情相信在当今很多爱面子的人的身上会时有发生。对于别人的请求，我们如何既保住自己的面子，还不让自己"活受罪"呢？

**第一，享受面子，客观分析。**

俗话说："人要脸，树要皮。"人爱面子并非一件坏事，只是当他人请你帮忙的时候，先不要急于答应对方，当然你也无须急于拒绝对方，享受该有的面子。然后问清楚对方需要请你帮忙的事情，分析该事情的大小与自己的能力，你是否能够在不让自己"活受罪"的情况下帮对方完成这件事情。如果能，这个面子你可以要，如果不能，就不要为了面子满口答应对方。

**第二，留下面子，婉言拒绝。**

对于很多人来说，涉及面子问题，其实最大的难点就在于拒绝，明明知道自己应该拒绝对方，可是因为不好意思，总是不能说出口，怕让自己丢失了面子。

对此，如果对方请你帮忙的事情对你来说确实有点为难，但又因为面子问题不能直言拒绝，这时你应该放下不好意思的心态，先向对方说明你的实际情况，然后婉言告诉对方自己的难处。相信只要是在乎你的人，在听到你的难处后，一定不会因为你的婉拒而降低你在他心中的地位。

# 借钱不拒，要钱受罪

按照常理，债权人是有钱的人，他借钱给债务人帮其解决困难和资金问题，债务人应该感谢、感激债权人。债务人求债权人办事，债权人应该成为"大爷"才对，但人们为什么会说债权人成了"孙子"呢？

问题就在于借钱后再归还这个问题上，在借钱的时候需要借钱的一方当然是非常诚恳的，甚至要把心掏出来给你看似的；但是当把钱借给对方后，债务人迟迟不能归还，而债权人却始终没有办法，一方面可能由于面子问题无法开口要；另一方面债权人去催要，而债务人却找出各种借口，迟迟不予归还。甚至有时候当债权人要钱要得急了，债务人会做出无赖的样子，"要钱没有，要命一条"。因此在民间便有了"借钱的是孙子，还钱的是大爷"的说法。

对于债权人来说，借钱给对方的人大致有这样两类，一类是亲戚朋友，他们遇到了难处向你张口借钱。这类人很多时候我们都不好意思拒绝，因为顾及彼此之间的感情，所以往往都会借给对方。而"借钱的是大爷，还钱的是孙子"这种情况往往就出现在这类人身上。另一类是陌生人或者关系不是很好的人，之所以要给这类人借钱主要为了赚取较高的利息，因为要钱难而这类人身上也有之，但相对较少。

我们大多数人的借贷关系都是属于第一种，因为借钱总是会伤害原来还算不错的感情，借钱的时候对方总是会说尽好话，你变成了"爷爷"，因为不好意思拒绝，你借给了对方。而还钱的时候对方总是推三阻四找借口，甚至有时候你还找不到他人，于是你变成了"孙子"。也因为此事，你们彼此之间的感情、友谊可能就会走到尽头。

小刘和小罗之前是一对很好的朋友，小刘来自甘肃，小罗来自江西，因为梦想两人在同一所大学上学，虽不在同一个班，但是在大学住的宿舍门对门。两人经常在一起玩，一起上自习，关系非常不错，身边的朋友也非常羡慕。

大学毕业后两人又找了同一家单位去实习，而且为了省钱，共同租了一个标准间住在一起。在实习单位，两人总是能够互相帮助，当小罗的工作完不成的时候，小刘总会在做完自己的工作后积极地去帮助小罗。当然，有时候小罗也会这样做。

在生活上，因为刚刚毕业没有多少钱，实习的工资也不是很高，两人更是互相帮助。记得有一次要交 120 元的房租，而两人的钱不够，最后小刘将他的手机卖了，才交了房租，勉强度过了那一个月。那一段时间对现在的小刘来说，记忆非常深刻，也非常怀念。

之后，为了寻求更大的发展，两人南下去了深圳。小刘在一家汽车 4S 店找了一份服务接待方面的工作，小罗在一家汽修公司找了一份维修工作，两家公司都是管吃管住，待遇也不错。

尽管在两家不同的公司，但是一有时间，小刘和小罗就会见面喝酒聊天，关系一直保持得都不错，犹如两个兄弟。就这样，他们在深圳一待就是 3 年。在这三年时间里，两人虽然挣了一些钱，但是要在这里安家落户却还相差得很远。而两人各自的家里也一直在催促两人的婚事。

无奈，小刘回到了上大学的城市郑州，在这个房价不算太高的城市贷款买了房,和大学同学结了婚。小罗则回到了老家江西，不久家人介绍了一位对象，也结了婚。

尽管两人相隔千里，但是经常还会联系，谈谈彼此目前的工作、生活等。之后有很长一段时间，可能是因为有了家庭，工作比较忙，两人都没有联系。

直到那一年的 6 月，小罗给小刘打电话，说是自己要出差，老婆管钱管得比较严，希望小刘能够借自己 2000 元钱，在 10 月份的时候会还给小刘。

这时的小刘生活其实也比较紧张，买房的时候东拼西凑借了10 万，每个月还要还房贷，而且前段时间自己刚刚装修过房子，身上也没有多少钱。小刘回家后将此事告诉了老婆，老婆说："我们借了别人那么多钱还没有还，而且刚刚装修过房子家里也没多少钱，还是不要借吧。"

可小刘想，他们之前关系那么好，又是大学同学，人家张口向你借了，如果拒绝总是不好意思，反正10月他就还给我了，还是借吧。就这样，在小刘的不好意思及对朋友的信任下，他一个人做主将钱借给了小罗。

然而，钱借出去之后，事情远远没有小刘想得那么顺利，好不容易熬到10月了，而小罗却始终不提还钱的事儿，因为曾经都是很好的朋友，小刘也不好意思主动提还钱的事儿。就这样一直到了第二年的4月，小刘在经济上确实也遇到了困难，当小刘鼓起勇气向小罗打电话提关于2000块钱的时候，对方的电话却一直无法接通，当小刘在QQ上看到小罗在线，向其打招呼时，对方却一句话也不说。无奈小刘通过电子邮件联系小罗时，仍然没有任何回音。

就这样，因为当时对方借钱的时候不好意思拒绝，最后不但失去了2000元钱，更失去了这位他一直认为不错的朋友。

以上案例中小刘的遭遇其实在生活中很是常见，很多人就是因为关系不错，不好意思拒绝借了钱，最后弄得不但友谊丢失了，而且钱也很难要回来。

因此，朋友之间能够互相帮助，分享美好与幸福，这是应该的。但是，万不可与金钱扯上关系，所谓"君子之交淡如水"，意思就是说朋友之间的交情应该如水一样，不应有金钱利益因素在里面，一旦混杂了金钱因素，问题就会变得复杂起来。而且彼此之间很难再像从前一样维持良好的关系。

当然，并不是每个往外借钱的人都能够遇到如案例中的"极品"朋友小罗，我们也不能把所有准备跟自己借钱的人"一棒子打死"，觉得都是无赖、不讲信用之人，一一拒之，但是对于有些借钱者，你必须要学会拒绝，否则要钱将会成为你心头一桩大事。

首先，关于别人向你借钱，我们应该明白：

**端正心态。**

在借钱的过程中，总是会涉及一个"面子"问题，彼此相互借钱最多的莫过于朋友之间，因为是朋友，所以大家都爱面子，通常感情也都不错。所以，借钱的人比较容易开口，本想拒绝的人却不好意思开口。

为此，在借钱者与被借者之间总是存在着这样一种错误的观念，觉得有钱借是应该的，而拒绝对方不借反倒成了落井下石，无情无义。在这里你需要明白，钱是你自己辛苦赚来的，不是别人的，借不借是你的权利，你拒绝对方是没有任何错的。所以不要觉得不好意思拒绝对方，该拒绝的时候一定要去拒绝。

其次，在借钱的过程中，你需要把握以下两个原则：

**第一，救急不救穷。**

借钱总是要有一个理由，以此来说服你同意向他借钱。这里你需要把握救急不救穷的道理。如果对方说穷，没有钱生活，这类人最好还是不要借为好，既然知道自己穷，没法生活，就应该提早努力工作挣钱，而四处借钱是解决不了任何问题的。这类人通常都是好吃懒做，生活没有规划。有钱四处享受，没钱四处外借。所以，这类人向你借钱一定要拒绝。

短期周转，孩子生病需要少量的现金等。人都有恻隐之心，在这种情况下，如果自己有能力，你有必要借钱给对方，即使还钱的时候对方变成了"大爷"，你也无愧于心，最多也就失去这位朋友和少量现金，最起码你是一个有道德有良知的人。

**第二，借信得过的人。**

一个人在社会中生存，无信必然不立。很多时候都是因为人们在人际交往中诚信的严重缺失，才导致人们谈"借钱"而色变。的确，在当今的社会，有很多活生生的案例就摆在我们面前，很多人就是因为缺乏诚信才导致我们要钱变成了受罪。

所以，在向对方借钱之前，一定要对其做一个百分百准确的评估，对方是不是你信得过的人，是不是讲信用的人，如果不是，你就没有什么不好意思拒绝的了。

# 不拒殷勤，小心嘴软、手软

民间有句俗语叫："吃人嘴软，拿人手短。"意思是说得到了别人的好处，就要替别人办事，否则你就是大逆不道，用很江湖的话说就是"不地道"，没有一个人想做大逆不道、"不地道"的人，因此，通常都会替别人办事。

然而，很多时候你"吃人""拿人"的时候不觉得什么，而在要为别人办事的时候你才发现真的很难，只是得到了别人的一点点好处，却要为难自己办很难的事情，想想当初真不该接受别人的好处。而这时你要拒绝对方的请求，已经为时已晚，因为你已经拿了人家的，吃了人家的。

这种情况尤其是在民风淳朴的地方，已经深深地植入了人们的心间。比如隔壁张三向你示好，给了你一袋面，而你没有拒绝，接受了对方的殷勤。这个时候，与之前相比，你们之间的关系会发生微妙的变化。或许，之前你对张三不怎么样，但是现在有所不同了，似乎你感觉欠了张三什么似的，当张三有事找你帮忙的时候，你自然更是不好意思拒绝，这便是"拿人手软"。

民间还有一个俗语："无事献殷勤，非奸即盗。"这句话虽然有些极端，但还是具有一定的道理。献殷勤有时候并不是怀着某种不好的目的，也许只是为了结交你这位朋友，和你进行推心置腹的沟通。

当然，也不排除有些人是怀着某种利益目的向你献殷勤的，比如找你办事，走后门，能够在对自己不利的事情上放他一马等，其实也就是我们通常说的行贿。对于这种殷勤如果你不懂得拒绝，或者不好意思拒绝，那么，今后你将会面临很大的麻烦。

李建是某市建设区的一位领导，为人正直爽快，做事雷厉风行，在单位的这几年中，取得了不错的政绩。为此，他很受领导看重，可以说前途不可限量。

就在他事业如日中天的时候，他在大学时一位关系不错的同学叫郑磊，突然联系到了他。因为两人足足有10年的时间没有见面，所以李建格外高兴。

就在郑磊联系到他的当天晚上，郑磊来李建家里做客，手里拎着两瓶茅台，两条九五至尊。李建看到郑磊手里拎着这么贵重的东西，一时不知道该怎么办，因为他是从来没有接受过别人礼物的。这些东西少说也有好几千块，于是李建坚定地说："来就来呗，你还拿东西做什么，而且这么贵重，这个我可真不敢收，走的时候你一定带走啊！"

两人你推我往了一会儿后，便把东西放下聊起了天，李建心想："走的时候再让他带走吧。"两人这天聊了很多，从大学时候的系主任、辅导员，聊到其他同学目前的状况等，甚是开心。

在临走的时候，李建提到礼物的事情，一定要让郑磊带走。郑磊说："你我同学10年都没见了，今天我又不是来行贿的，是专门看你这位老同学的，我觉得我们之间的情谊比这些东西要值钱，如果你实在过意不去，那改天你请我吃饭总行了吧！"

李建听到这话，也不好意思再坚持下去，觉得如果再拒绝就有点见外，于是就接受了郑磊的礼物，走的时候还一再承诺，有空一定请郑磊和他的家人一起吃饭。

一个简单的老同学见面，这件事情本来就这样过去了，可是之后的一段时间，郑磊经常派一些人给李建送一些家乡的特产，东西虽说不贵，但李建总觉得过意不去。

这一年，市政府开始大修市区各个主干道，而负责该项目的人正好是李建。本来一切都在按照投标程序往下进行，可这天郑磊又找到了李建，说自己是某工程建设公司的负责人，希望李建帮忙把这个工程给自己做。

李建听后，觉得没什么不妥，只要符合资格，按照正常流程和他们一起竞标就可以了。可问题就是郑磊的公司达不到竞标的要求。这时，李建为难了，让他把工程给郑磊，这个事情他完全能够办到，但是会违反规定，之后难免不会出现一些问题。如果拒绝郑磊的要求，几十年的老同学关系，再加上之前郑磊送了自己好多东西，本来想请郑磊一家吃饭的，因为工作忙也没去。总觉得不好意思。

最终，李建没过心理这一关，答应了郑磊的要求。转眼间两年过去了，路也修好了。可是有一天，在这条路上的一个人行天桥突然坍塌了，致使多名路人受伤。虽然没有造成人命事故，但因为是刚修好不到两年的桥，很快惊动了市政府，经技术部门鉴定，该桥属于豆腐渣工程，而这个桥正好是郑磊的公司修建的。

随后纪委介入，不久纪委就对李建进行了约谈……

李建本是一个做人正直、做事雷厉风行的人，是什么让他违反规定，甘愿冒风险为同学郑磊办事呢？这便是——不懂拒绝殷勤。

从此，你便陷入了为了一点点财物而劳心劳力的泥潭，而仔细想想，这是非常不值得的。所以，懂得拒绝殷勤，会让你过得更快乐、更轻松。

关于献殷勤，这与社会环境有着很大关系，也是一种非常正常且常见的人际交往手段。不管是献殷勤还是接受殷勤，都是有利有弊的。对于献殷勤者来说，献出殷勤，有时候并不一定能够达到目的；对于接受殷勤者来说，有时候会让自己很为难，甚至逼上不归路。因此，在面对对方的殷勤时，需要注意以下几点：

**第一，理智看殷勤。**

在本文前面提到过这样一句话，"无事献殷勤，非奸即盗"，如果有人向你献殷勤，你需要理智地分析对方为什么会向你献殷勤，找到原因。比如，如果你们关系比较熟，你可以开玩笑地说："突然对我这么好，是不是有什么企图啊！""你小子肯定找我有事，说吧，啥事！"如果你们彼此关系不熟，那么你更要拒绝对方的殷勤，或者在接受对方的殷勤后，运用下面一条。

在找到对方向你献殷勤的目的之后，根据自己的能力和结合自身的利益关系，当然，在合法合理情况下对你来说只是举手之劳的话，你完全可以接受对方的殷勤，否则，不要轻易接受对方的殷勤。

**第二，彼此殷勤。**

有时候对方向你献殷勤你确实是无法拒绝的，比如因为友谊、亲戚等关系，因为你一旦拒绝，你们之间的友谊、亲情关系就会因此破裂。那么，如果确实不好意思拒绝，你也无须纠结，大方地接受对方对你的殷勤，然后找个合适的机会还给对方。就是说，你也可以向他献殷勤。比如他送你一瓶酒，你可以请他吃一顿饭。这样既能维护你们原先的关系，你的心理也不会感到内疚。在对方请你帮忙而你确实无法做到，或者即使做到也会对你产生消极影响时，你就可以直面地拒绝，从而避免"嘴软""手短"的为难。

# 人生，其实可以活得更坦荡

人生在世，要为了快乐与幸福活着，而有些人在面对有些事的时候，总是会觉得不好意思，心里会有那么几分的不坦荡。在一定程度上影响了人生的幸福与快乐指数。心中坦荡的人是最快乐的人，因为他无牵无挂；理智的人是聪明的人，因为他懂得冷静思考。因此，心中坦荡、理智的人才是幸福的人。

由于高等教育的普及，大多数人都能够具备理智，而要让自己心中变得坦荡，则需要放下你心中以往的"不好意思"，这样你的人生将会更精彩。

# 不好意思为哪般

# 虚荣，觉得"没面子"

◆

"死要面子活受罪"，这是古往今来民间十分常见的一种情况，在时间的累积下，才形成了如此经典的一句谚语，可谓至理名言。

人都要面子，更爱面子，为了守住一点点面子，或者是得到更多的面子，人们总是会不惜做出很多荒唐的事，付出更多的代价。面子与代价之间的导火索往往就是"不好意思"。

"明天要去参加个同学聚会，姐夫家的车这两天不是暂时放在咱家吗？明天我用一下吧。"小伟对老婆说道。

"那就用吧，姐夫把钥匙留下就是想着我们用的时候方便点。不过，你开车时注意点，姐夫家的可是名车，刮了、蹭了，咱可赔不起，再有就是记得把你的驾照拿上，平时你没有什么开车的机会，驾照都没怎么用过。"老婆边整理着家务边回答道。

第二天，小伟风风火火地去参加同学聚会，一路上开着名车，心里十分畅快——开名车的感觉就是美。尤其是在酒店门口停车下车，把车交给门童的那一瞬间，气派万千是他从来没有过的。

主事的同学也是一惊："哟，伟哥驾到啊，快快，楼上208豪华大包，迎宾小姐，带伟总上去。"

一听"伟哥"，小伟顿时气势提得更高了，心想：多年不见，大家也变得客套了，以前总是"小伟""你小子"，现在变"伟哥""伟总"了。

到了包间，小伟瞬间被里面的豪华震撼了，场地之大，布景之奢华，灯光之迷幻，让他有种眩晕感。他平了平自己的心，不想让自己看起来像乡巴佬一样，接着他便佯装见惯这种大场面似的阔步走了过去。

"哟，伟总啊。"

"什么总不总的，就是个小老板。"小伟也寒暄着，这句话也说的是事实，他只是和妻子在郊区开了一家小饭馆，生意不算红火，却也不算差，净利润也就相

当于普通的上班族，省吃俭用，每个月也能攒下一些钱。

"您的座驾都那个级别了，还是小老板啊。人啊，就是越有钱越谦虚啊，哈哈……"

"就是，咱兄弟几个恐怕就属你混得好了。"

"是啊，我开了家小公司，每月虽说赚那么一两万，但吃吃用用，最后也剩不了多少。没看我开的车才十几万嘛，比伟总差远了。"

一句话，引发了大家的牢骚抱怨，纷纷"晒"自己的工作和收入。这一晒不打紧，让本来想澄清"这车是开别人的"的小伟张不开嘴了，相比之下，他自惭形秽，不是里面混得最好的，而是混得最差的。

于是，整个席间，他选择了沉默，别人叫他"伟总"便应着，谈起他的"事业"便随口应付或者一语带过，转到其他话题上。

再后来，小伟发现自己的人缘变好了，和他联系的朋友也变多了，总有一些小饭局或者是三两人的小聚会。有些是想做业务，有些则是想谈合作，有些则纯粹是"谈笑风生"，混得好的和混得好的一起谈谈经营，谈谈管理，谈谈娱乐，谈谈名车、时尚品牌等。

后来，小伟通过网络、杂志等途径获取了更多的谈资，也在各种聚会中办了健身卡、高尔夫会员卡等，活脱脱地像个身价不菲的老总。

直到姐夫打电话说即将从国外回来，小伟才意识到自己的"座驾"不保，于是用尽一切方法硬是拖了半个月才把车还回去。后来就想方设法地在各种聚会中撒谎，比如：

·说"车已经停在停车场了"，聚会结束后偷偷地坐公交或打车回家；

·说"车送去检修了"，结束后让别人送他一程；

·说"车被小舅子开走了，至少一个月还不回来"，于是一个月不开车的理由便有了，但"那还不如再买一辆"这样的话让他心里发慌。

直到某一天，老婆发现存折里几年攒下来的钱已经被老公偷偷地挥霍一空，一切事情才东窗事发，一场家庭战争瞬间爆发。

老婆回娘家后，小伟常常会想：如果回到最初的那次聚会，当别人误以为他开名车、是老总时，自己大大方方地说自己只是一个饭馆的小老板，车子是开亲戚的，那该多好！

故事中的小伟，因为一个不好意思，让事态一发不可收拾。

如果时光可以倒流，小伟一定会改变开始，进而改变结局。但是人生没有如果，没有后悔药可以吃。

守护面子是人的本能反应，要打败不好意思，就要努力与这种本能相抗争。比如：

·不要怕伤面子，尊重事实，不说虚话，坦荡做人。

·把说真话和说假话两者的后果预先设想一遍，假话带来的也许比真话更华丽得多，但却不如真话来得更坦荡。

# 与生俱来的性格所致

人的行为很多时候是受性格影响的，比如性格外向的人行为比较活泼，喜欢结交朋友，语言上善于交谈；性格内向的人则可能较为封闭自己，就算与他人（陌生人）有交往的渴望，但内向的性格会让他们不愿付出行为，更不愿花费唇舌功夫。

性格内向的人，总有很多不好意思做的事，比如：

· 当众唱歌、跳舞；

· 和异性甚至是同性搭讪；

· 和别人意见明显不同，却不好意思反驳；

· 参加集体活动；

· 向别人倾诉心情、心事；

· 追求心仪的对象；

如此等等，还有很多。

因此，尤其是在一些社交场合，有些人沉默寡言、不善言谈，想说又不好意思说，想做也不好意思做，相当一部分是性格所致。


**故事一：**

伍杰的工作能力是有目共睹的，但就是不爱社交，正是因为如此，他才选择自认为"技术性强"的工作——设计师。在他看来，这样的话，就不用总与人打交道，说些客套话，只要低头做好自己的事情就可以了。

一次，伍杰所在的公司接到了一个大项目，一旦这个项目拿下来成功收官，利润之大足以与平日半年的利润相比拼。除了利润之外，关键是与大公司合作的机会难得，这个案例也将成为公司日后足以拿来炫耀、拉业务的资本。

对于设计方案，公司是重之又重，十分重视。于是，公司下达指令，这次的设计不采用指派式，而是全民参与、重点筛选。

最后，花落伍杰手，心里虽说高兴，可是一听说要当着客户及公司高管的面对设计方案进行讲解，他不禁犹豫：那么多人，我一个人在台上讲，岂不是成了聚焦点？感觉像个智力障碍者一样，我不行，到时候肯定说不出话来。

"伍哥，太羡慕你了，有这么好的机会,你做主讲,什么客户、高管，都只是看客。"又是这个油嘴滑舌的同事小李，平时伍杰就很少理他。

"有什么羡慕的，你要想去，那机会给你好了。"

"真的假的？你敢给，我可真敢要！"

"真的，我正发愁找个什么借口推掉呢。"

于是，伍冠李戴，小李提前拿到伍杰的设计稿并充分地进行了准备，在设计讲解当天发挥出彩，赢得客户和公司高管的一致好评，并且成为客户指定跟进项目的监督。

这个大项目收官之后，小李在公司的地位和待遇明显地发生了变化，公司领导重视，一些重要的客户甚至会亲点小李来做，几个月的时间，小李由一名普通设计师先后升为组长、设计部部长，一路风生水起，升职又加薪，好不潇洒！

伍杰有时会想：如果当时没有把机会让给他，现在我们两个人的位置是不是会换一换？

**故事二：**

甲和乙都喜爱唱歌，不同的是，甲性格内向，乙性格外向。所以，乙喜欢在人前唱歌，越多人在场听，他就感觉越兴奋，唱得越起劲。而甲则不同，他只喜欢在一个人的时候唱歌，所以，除了自己的家人偶然有幸听过之外，没有人听过他的歌声。

歌唱选秀，乙跃然参加，甲则守在电视前观看着选秀进程，评价着"这个唱得不错""这个唱得不行"。看到乙时,他先是一惊,然后有些不屑地说:"没我唱得好。"

乙虽然没能夺冠,但却进了5强,也是名声大噪,还签约了经纪公司,在经纪公司的包装下,又是拍广告,又是演电视,还出了几张专辑,传唱度十分之高,大街小巷,很多人哼唱。

每每看到电视上打出"歌名:×××,演唱者:乙"时,甲的心里就有些莫名的感伤。

性格内向的人,不爱与人打交道,不喜欢当众发言,更不喜欢成为焦点的感觉。而性格外向的人则完全相反,喜欢与人打交道,喜欢谈笑风生,喜欢被瞩目、重视的感觉。伍杰就是前者的代表,小李则是后者的代表。

于是,不同的性格,人生便也有了不同。

有的人说"性格决定命运",的确如此。如此说来,改变性格也是改变命运的途径之一。

有些性格是天生的,有些性格是后天形成的,有些性格则是环境强制改变的。所以,性格并不是给人的定论,它同样具有很多可能性。

如果现有的性格有利于我们的人生,那是值得庆幸的,但如果现有的性格给我们的人生带来的是牵绊,那则是不幸的,因为这种不幸会夺去我们原本可能得到的机会、财富、快乐、幸福……

如果你的不好意思大多源自性格方面的因素,那就要从性格入手,和自己的"弱点"打一仗了。比如:

·试着多交一些朋友，在友情中享受与人打交道的快乐。

·都说"不吐不快"，有话不要憋在心里，多和家人或者知心朋友倾诉。这样一来，心里少一些阴霾，多一些开朗，心情明朗了，性格也将慢慢地转向阳光。

·培养一些兴趣爱好，最好是动态的，或者说是需要互动的，比如 K 歌、跳舞、下棋等，另外在广泛的兴趣激发下积攒的知识可以成为与人交谈中的谈资，找到共同话题，就容易使沟通行云流水般进行。

·多参加一些集体活动。比如徒步旅行、聚会、志愿者活动等，既可能结交朋友，也可以开阔心智，使人渐渐打开胸怀。见识得多了，人变得坦荡了、自信了，性格也就越来越偏外向了。

# 胆怯在作祟

◆

尤其是在人多的场合，比如商务酒会、业界聚会等，我们会看到一些人怯生生地将自己安置在人群之外，不好意思主动去和别人交谈，就算有人主动来找他谈话，他也畏畏缩缩，眼光有些闪烁不定，说话声音细若蚊声，更有甚者，一和陌生人说话，脸都红了。

这种便属于典型的胆怯型。导致他们如此不好意思、扭扭捏捏的因素源于他们心里怕的事很多，比如害怕人多的场合，害怕与高层人物交谈，害怕自己闹了笑话，害怕别人看不起自己……

第 5 章 不好意思为哪般

生性胆小的人，往往少了些落落大方，多了些畏畏缩缩。

生性胆大的人，虽说有时显得蛮干，但总归是给人一种"豪气"感。

相比前者，后者往往在生活圈、工作圈、商务圈中人缘更好，左右逢源，办起事来也是风生水起。


**故事一：**

领导："我有个项目要去趟上海，这次得带个设计师，你们中谁愿意去？"

甲刚好和领导四目相对，甲不自觉地把头往里缩了一缩，尽可能地不与领导对视。

乙："我去我去。"

丙："领导，我也愿意去。"

丁："领导一句话，上刀山下火海，在所不辞！"

领导笑了笑，言："就你小子嘴贫！这是去工作，又不是去打架，好了，就你吧，东西收拾收拾，下午2点整出发。对了，给小胡（秘书）说一声，让她把你的机票也给订了。"

丁："遵命！"

乙有些悻悻地对甲说："唉，又错过了一次大好机会。话说回来，你怎么一句话不说啊？"

甲："我说了呀！"

乙："我怎么没听到？"

甲："我还举手了呢！"

乙："你那也叫举手，我还以为你在挠头哩！"

过了一段时间，丁和领导潇潇洒洒地回来了，此后丁似乎就成了领导的心腹一般，总是被呼来唤去的。没过几个月，就升为设计小组的组长了。

**故事二：**

甲、乙两个女人在教堂许愿，两人像是心有灵犀似的说："上帝啊上帝，如果你真的存在，请赐予我更多的财富吧，那样我会生活得更幸福。"

这时，只听见一个声音说："外面有一口井，请把井盖打开。"

甲顿时高兴不已，连连说道："感谢上帝！"

然后，甲飞一般地跑了出去。

而乙则还愣在原地，一动不动，半天才缓过神来，然后也半信半疑地来到了外面。

这里果然有一口井！

甲二话不说，快步上前，费尽九牛二虎之力搬着井盖，一边搬一边对乙说："你不来搬吗？"

乙说："你确定你要打开这口井？"

甲说："当然了，这是上帝的指示。你不搬的话，我自己来，那结果是好是坏就全由我一个人承担了哦。"

乙沉默了，这是一种默认的气氛。

最终，甲成功搬开了井盖，只见里面发出耀眼的光芒，原来，里面全是金灿灿的黄金。

很多时候，机会就像个母鸡，它可能会下出很多蛋，孵出更多的小鸡。

而胆怯像是一根无形的绳索，束缚人的脖颈，让人想要大声说话，却又说不出话，想要张牙舞爪，却又缩手缩脚。

如果面对机会时，我们不能够释放心中的勇敢、无畏，那就会错失很多梦想，比如情感、晋升机会、金钱等。

因胆怯而不好意思的人，不妨从以下几点入手，改变现状。

**第一，凡事多往好的方面想。**

比如在与人交往时，不要总是设想一些坏的结果，如：

·如果他不理我怎么办？

·也许她不喜欢我这样的人，但又不得不和我客套，心里肯定烦透我了。

·万一我说错了话怎么办？

可以多想一些好的结果，如：

·与人交往很简单，就像照镜子，我示以微笑，也可以换来微笑。

·他看起来挺平易近人的，应该比较好打交道。

**第二，深吸一口气，"装"得大大方方。**

大方也是可以装出来的，而且会越装越像，越装越得心应手。其原因有二：一是习惯产生的作用；二是经验得来的成熟与老道，更加懂得去应变各种场合，知晓即使会受冷漠打击，但毕竟是少数，而且也没有什么大不了。

# 脸皮薄，太害羞

胆怯的不好意思里，有一种怕在里面。

害羞的不好意思里，有一种爱在里面。

害羞跟胆怯最大的区别在于心理上是积极的，甚至有时是高兴的、乐于接受的，可是却"放不开"。太害羞，所以各种放不开，各种不好意思，于是便也显得扭扭捏捏的了。

俄亥俄州立大学的威廉·加德纳教授说："它是人类性情表现的一方面。"因此说，这其实也是人的正常反应。

但害羞亦有度，如果过度害羞就会对生活产生坏的影响。

某音乐学院是歌星森的母校。在该校50年校庆之际，森应邀回到学校做表演，这个消息引发了所有在校生的一阵狂热。

小夕也是这个学院的学生，平时无论理论还是个人唱功都是班里最突出的。平日里她就把森所有的歌唱得滚瓜烂熟，并且闲暇之余还会亲自改编这些原作，加一些新的花样进去。这次偶像真的要来了，她的心也是激动不已。

校庆的前一天，小夕去学校的人工湖静坐看书，这时旁边长凳上的一个戴着鸭舌帽、墨镜的男人让她眼前一亮。她一眼认出：这就是即将来母校演唱的偶像——森。但是，他怎么提前来了？

大概是怕明天没时间在母校故地重游吧。尽管惊讶不已，但小夕并不敢吱声，硬生生把惊讶的表情吞到肚子里，直感觉到自己的小心脏快速地"砰砰砰"直跳。今天的人工湖格外冷清，只有零星的三两个人。

"森？是森吧？我是你的粉丝……"小夕也想这么欢呼雀跃地说出来，可是她却只是在耳朵里听到了别人讲这句话。

"我叫小唯，平时最喜欢听你的歌。你所有的歌，我都会唱。"

森虽是歌星，但也和善，温和地对小夕笑了笑，然后转而和小唯交谈了起来。

"你今年大几了？"

"大三，还有一年就毕业了。学长，你明天打算唱什么歌？"小夕心里

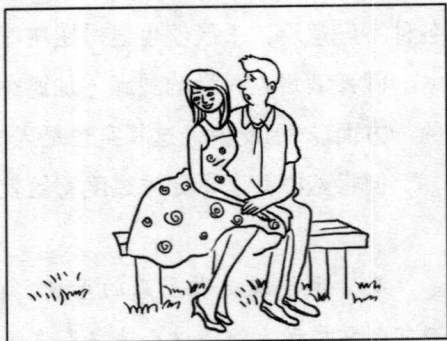

不禁作呕：这丫头也太会攀交情了吧？连"学长"都好意思叫？

"学长？你这么一叫我倒感觉自己像个学生了，真怀念啊。丫头，你最喜欢哪一首呢？"

"我最喜欢你的那首《吻云》，超爱的。"

"我也最喜欢这首了，虽然不是主打歌，但是却很用心。你会唱吗？"

"会啊，我会好几种唱法哩。"小唯像在男友面前撒娇似的

佯装得意。

小夕眼睛看着书，可是耳朵、思维都在关注着他们的对话，听到此，她也在心里说：我也会好几种唱法哩，我还改编了好几个版本哩。

思维飘忽之际，小唯的歌声已经响起，在音乐学院听到唱歌是再正常不过的了，不远处的同学们大概怎么也想不到，这是同校生在唱给偶像听。

"唱得很棒！嗓音好，有穿透力，唱功也挺强，不如明天的晚会我们一起合唱这首如何？"

"真的吗？谢谢学长，和你合唱，真是此生无憾了啊。"

第二天晚会，台上的小唯就像个真正的歌手，演唱时而与森深深对视，时而与其轻轻牵手……

此后，学校里便流传开来，小唯与森互留了联系方式，森所在的唱片公司看中了小唯，想签约为歌手，小唯发行的第一张专辑将是和森合唱的一首情歌……

不论真真假假，这一切的一切，让小夕美慕，更让小夕嫉妒，甚至恨，不过恨的是自己。

同样的偶遇，就因为太害羞，不好意思打招呼，不好意思交谈，更不好意思在偶像面前展示，于是乎，亲近、互动、光鲜、亮丽、掌声全都与她擦肩而过。

很多时候，人的害羞只是面对某些特定的人和事，比如在自己喜欢的人面前；当然也有一些不分情况的害羞，这种人往往会表现出"见了谁都脸红、发烫，不好意思说话"。

在这个时候最好的缓解方法就是心理暗示，比如：

·可以自己给自己做心理辅导，告诉自己"没什么好害羞的"。

·把对方幻想成自己熟悉的某个人，或者平时交谈最流畅的某个人。

·降低对方在自己心里的"比重"，告诉自己"他就是个陌生人""以后说不定再也不会相见了，怕什么"。

·抱着豁出去的心理，把最坏的结果想一遍，然后告诉自己"即便这样又如何"。

# 十分傲骨，不留一分低姿态

《韩非子·八说》中讲："离世遁上，谓之高傲。"对于傲气十足的人来说，整个世界似乎都被自己踩在脚底下，没有什么事什么人是能够让自己屈服的。

习惯了高昂着头，便不好意思低头以示；习惯了要强好胜，便不好意思服软；习惯了被别人羡慕，便不好意思去羡慕别人……

高傲的人，是自信的，甚至是自负的，他们以自己为骄傲，更享受别人对自己的各种羡慕、嫉妒、崇拜，于是，当某一天，一些场合、一些事情、一些人，需要自己放低姿态去沟通时，他们内心便无比的抵触。即便心里不抵触的，行为上也做不出来了，因为放不下内心的高傲，这是他们引以为荣的小自尊。

**故事一：**

甲："你可真奢侈，什么东西都比我买的贵多了，就像这电脑，要上万的吧？"

乙："它不但买的时候贵，修的时候更贵。"

甲："坏了吗？怎么不找我呢？"

乙："没事，已经修好了。"

甲："我说哩，前几天没见你在线上。修个电脑能花多少钱？"

乙："花了近一千，单纯维修的话也就几百，主要是恢复数据比较贵。"

甲："你不是吧？你修两次都能买台电脑了。早就跟你说过，电脑有问题，随时找我，我帮你搞定，哥们儿别的不行，捣鼓电脑可是专家级水平。关键是还免费。"

乙："下回吧，下回找你。"

几个月后，电脑再次出故障。甲拿着电话犹豫了好一会儿，然后又果断地拨通了电话："喂，是超速电脑维修吗？我这里的电脑需要维修……对，上门服务，地址是……"

**故事二：**

一对夫妻吵架，原因是丈夫彻夜未归，妻子在客厅坐等一晚上，待到第二天丈夫归来，妻子冷冷地看了一眼丈夫，然后起身回卧室睡觉去了。这是生气！赤裸裸地告诉对方：我生气了！

相识相爱多年，丈夫怎能不知，于是赶快上楼去哄妻子开心。

"啪！"一声拍门的巨响之后，丈夫被关在门外，门被反锁，任凭丈夫怎么拍打，妻子就是不起来开门。

妻子就是这样的人，心里再生气也从不和男人吵架，而是冷战，冷得像块冰。但有心的丈夫总能哄得妻子眉开眼笑。

这次，只是哄了一天，丈夫便不再有所行动了，白天去上班，晚上就睡客房。于是乎，越是这样，妻子就越生气，对待丈夫就越发冷漠。

偶然中，妻子了解到了丈夫那一夜未归的真实情况。原来，丈夫当天应酬完客户之后，在妻子电话的催促下急匆匆地赶回来，还买了妻子爱吃的点心，可是遇到一群醉酒驾车的狂徒，结果便出了车祸。庆幸的是只是小型的车祸，除了胳膊处皮肉受伤之外，并没伤了筋骨。因为怕惊吓到妻子，丈夫便没有让医院方面通知家属，自己在医院观察了一晚，待伤势好些之后才回来。

得知真相的妻子内心悔恨不已，悔恨自己为什么不听听丈夫的解释，为什么那么冲动，遇到事情首先想到的就是摆脸色给丈夫。

突然听到"哗啦啦"钥匙的声音，窝在沙发里的妻子知道是丈夫回来了，顿时她有些慌了神：怎么办？怎么办？我总不能去认错吧？听说他的伤只是皮肉伤，应该没事吧？他应该是吃过晚饭才回来的吧？

丈夫开门看到妻子后，眼神并没有过多地停留，便径直走进了客房。

之后的几天，妻子虽说后悔，也心疼丈夫，但是嘴上却怎么也不愿开口服软，因为从来都是她生气，丈夫来哄她。

总不能让我低声下气地去主动找他说话吧？我做不到，还是等他哄我的时候，我就顺着台阶下。妻子这么想着。

可是，妻子等来的不是台阶，而是丈夫的抱怨："我受够了这种煎熬，你总是会莫名其妙地和我冷战，然后我费尽心思地哄你开心，哄你原谅我，可是我都不知道你为什么生气，我做错了什么……真的，有时候我宁可你和我大吵一架，至少从中我可以知道你在为什么生气。"

"我不一直是这样吗？受不了你当初为什么非得娶我呀！"心里明明愧疚得要死，可是嘴上却不饶人。

"离婚吧！你跟我在一起不开心，我也觉得很累。"丈夫抛下这么一句话，离开了。

许久，妻子才回过神来。想动，身体却僵直了，怎么也动不了。

傲气太盛，摆足了架子，双脚便离了地，整个人像飘在云端上一般，看不清现实了。

有时候，不妨把傲气当外衣，偶尔穿穿可以，但不要粘在身上，要学会控制这股傲气，而不是让它控制你的行为，影响你的生活。在某些需要放低姿态的时候，不妨脱掉傲气这件外衣，减轻身上的负重，更加真诚地去表露自己。

尤其是在自己的家人、爱人、朋友面前，没有什么不好意思的，没有什么放不下的，时常给傲气放个假，不用总是"端"着，自己轻松了，身边的人们也更乐意与你交往了。

　　另外，在必要的时候不妨给自己算个账，看看暂时放下傲气，自己会赢得哪些好处，比如金钱（就像故事中的乙）、人情、劳力、快乐等。古时有皇帝以"低头联姻免去一场战争"，而今只是把脚踩在地上，放低或者说以平等的姿态去与人交往，便能够得到更多有利于自己的东西，何乐而不为呢？

# 第 6 章

# 拥抱自信，告别"不好意思"

# 再低微，也要开出花来

低微分两种：一是出身，一是现状。

在很多人看来，出身是可以决定命运的。比如商家出商人，军家出将士，官家出仕者，农家出农民。

的确，有些人生来便富贵，就像一个金娃娃，集万千宠爱于一身，享受奢华的生活，习惯了俯视身边的一切，以自我为中心，目中无人；有些人则生来就像"讨债的"，是在"能养活就行"的理念中成长，穿的是廉价衣、别人的旧衣裳，吃的是粗茶淡饭，有时甚至还得饿肚子，每天像个"泥娃娃"一样从不被人重视，每天望着高楼大厦、名品商店、高级餐厅，习惯了仰视身边的一切，艳羡着富贵人家的纸醉金迷。

但是，不论是历史中，还是现实中，都有很多人在告诉我们：不完全是这样，多数情况下，出身影响的可能只是儿时的成长，并不能决定未来，尤其是对于出身低微者来说。

不论哪个富二代，往上翻几代，总能翻出个低微的出身，"富不过三代"的总结也道出了富贵出身也可能贫穷收场。

人生、命运是掌握在自己手里的，跋山涉水，忍得了辛，吃得了苦，就能踏上理想的高地。

甲最近遇到了点麻烦，急需8万块钱应急，可是出身低微的他，多年来身边的朋友也是差不多的出身和境遇，并没有大富大贵的。

只有一个人不同——丙，他是甲和乙共同的好朋友，三个人大学时期感情最好。但随着丙的事业蒸蒸日上，生活风生水起之时，甲便渐渐地远离了丙。在他看来，自己和丙已经不是一个档次的人了，再贴上去强称"朋友"，自己就像个笑话。

甲找到境遇相差无几的乙，两人在酒醉之时，说出了许多掏心的话。

甲说："我这下算是彻底地完了，8万啊，有了这8万，以后可能哥们儿就转运了，没有这8万，哥们儿就沉底了。"

乙说："我倒希望我潇潇洒洒地拿出8万来给你，可是哥们儿也没有啊。不过，你傻啊，你可以找丙啊，8万对于他来说，那就是一个月的生活费。"

甲说："我早就和他没联系了，这一联系就是借钱，那我在人眼里成什么了？"

乙说："你当时为什么就对丙越来越淡，我们原来的关系多好啊。"

甲说："咱和人家不是一个档次的啊，我可不想让人家以有我这样的穷朋友为耻。话说，我也好奇，你怎么就好意思把他还像原来那么对待呢？在他面前你不觉得自卑吗？"

乙说："我自卑什么，人人生来平等，至少在人格上，不是单用钱来划分的。而且，我觉得我现在的生活挺好的呀，我每天都生活得很快乐，这就足够了。你呀，也别把他看得多么高高在上，他就是咱哥们儿，还是那个鬼机灵，我现在都还叫他老鬼呢。"

甲深深地叹了一口气："唉……真羡慕你能这么坦然地和朋友相处，穷的富的你都能成好哥们儿，有困难了一呼百应。"

乙说："其实，你也可以。"

甲和乙，同样的出身，却是不一样的心态和情境。

打心底里从未觉得自己低人一等，"你有钱"和"我们是朋友"两者没有什么必然的联系，朋友是一种情感上或者说情义上的需要，过多以金钱来衡量，反而显得俗气了。大家生来平等，不用去羡慕、高看别人的生活，也不用低看自己的生活。

正是这样的坦然与自信，让乙拥有着令甲艳羡的好人缘。

有些人即便现在是富贵身，也总自卑自己的出身不够好，低人一等；有些人则是壮志未谋，生活得不如意，便总拿低微的出身当借口，怨自己没有一个好出身，在朋友面前抬不起头来。这其实就是自卑心在作祟。

不要把别人看得太高，也不要把自己看得太低，以平等的角度看待别人、对待别人，如此，便可以更从容些。

每天对镜子里的自己说："我有爱我的家人，有体贴的妻子，可爱的儿子，我的生活一点也不差啊。"

将自己的能量在工作中爆发，拥有一技之长会让你在特定的领域里是个专家，这是自信的资本之一。

# 人最大的敌人是自己

人一生当中遇到的敌人或者说是个人所以为的敌人有很多，如上学时自己打不过的同学，总是不让自己做这个、不让自己做那个的父母；如工作时对自己呼来喊去的领导，磨刀霍霍、明争暗斗和自己抢机会的同事；如恋爱时和自己抢爱人的情敌，对自己百般刁难的丈母娘、婆婆……

敌人的强大有时会让我们乱了方寸，信心全无，甚至会失去战斗的念头，没了胜利的欲望。因为打心底里我们已经觉得"我肯定赢不了"。

事实上，不是敌人太强大，而是自己不够强大，至少从内心上。

一个人没有信心，就没有意志力、坚持力、专注力，而这些都是成功的必备要素。

人要战胜别人，首先就要战胜自己，战胜自己内心的软弱、无能、自卑、胆怯。如果一个人无法打败内心的软弱、无能、自卑、胆怯，那么他就很难树立自信，人生也将一片荒芜，活得畏畏缩缩，难以展现出大的格局。

一个部落的首领即将死去，对于两个优秀的儿子，他不知道应该把王位传给谁。于是，他想到了一个办法。他命人将两个儿子喊到床前，嘱咐说："我想再喝一口仙人山的泉水，一年前我曾在仙人庙里存下一个瓶子，你们两人前去就用那个瓶子给我装些水来。谁先拿着那个瓶子和水归来，那谁就是下一任的新首领。"

两个儿子随即出发。

当来到一条河边，两人遗憾地发现桥断了。哥哥说："看来我们被困住了，没有桥，我们怎么过河？如果绕道，得多走一天的路。"

弟弟说："绕路太远，我们不妨从河中穿过去吧。"

哥哥说:"那怎么行,如果河水很深呢?"

弟弟这才想起来,哥哥怕水,每每都不和他们一起来河里游泳、玩耍。弟弟随即安慰哥哥说:"依我看来,水很浅,以前我们在河里游泳,水位比这高多了。不信我先走给你看。"

眼看着弟弟已然踏进了水里,水位的确只到弟弟的腰间,弟弟一路顺畅地走着,哥哥有些着急了,说:"快回来吧,水这么急,如果我们被水冲走了呢?如果河里有血吸虫呢?如果……"

说话间,弟弟已经到了河对岸了。哥哥尝试着在水里走了两步,最终还是放弃了,决定绕远路。

多走了一天,哥哥终于来到对岸。继续前行没多久,哥哥就在树林边看到一张弟弟留给自己的字条:我知道树林里有条小路,穿过树林可以省去半天的时间,我一路做了记号。

哥哥心想:他不会是骗我的吧?弟弟以前就在这片树林里迷过路,如今还敢走这条路。我才不去呢,这树林里应该有野兽,而且光线差,指不定埋伏着多少危险呢。

于是,哥哥还是按原计划走大路。

几天后,等哥哥到达庙里时,瓶子早已被弟弟取走了。弟弟也成了新一任的首领。哥哥不服,说:"我是长子,理应传位给我。"

老首领说:"每个人心里都住着胆怯和勇敢,懂得号令勇敢、打败胆怯的人,才是真正有资格当首领的人。而你却总是被胆怯打败,你连自己都征服不了,怎么去征服别人?"

人若想变得强大,要对付的人不是别人,而是自己。战胜自己才是一切的起点,就像故事中的老首领说的那样:"你连自己都征服不了，怎么去征服别人？"

所以，与其总是想着超越他人，不如先想想如何战胜自己，超越自己，败给别人不可耻，败给自己才是最遗憾的。

**第一，不要和别人比较。**

别人对于我们的人生来说，只是起到一个参考物的作用，并不能以之作为衡量成功与否的标准。人越是热衷于和别人比较，尤其当发现别人不如自己时，十分享受其中的快感，这是一种不自信的表现。因为不够自信，所以需要寻找安慰。

于是，这种人往往也容易在比较中迷失自己。一旦比不过别人，便失落、伤心、气馁，再也没有了从前的那般自信与神采。

**第二，寻找心魔，战胜它。**

人最大的敌人是自己，是内心的心魔，心魔不除，人便只能活在心魔的摆布下。所以，主动去从自己的身上找魔障，如果最大的心魔是懒惰，那就变得勤快些；如果最大的心魔是自私，那就努力放宽自己；如果最大的心魔是胆怯，那就迫使自己勇敢些。

每战胜一个心魔，得到的便是真正的升华与进步。

# 不要太在意别人怎么看你

一个人活在这个社会里，完全不在乎别人是不现实的，但是完全活在别人的看法里，也是不可行的。

完全不在乎别人的看法，特立独行，凡事按照自己的意愿来，那便很容易造成不合群，严重的可能会成为朋友眼中的"怪物"，渐渐地被疏远。形单影只、孤立无援的感觉恐怕会更加令人倍受煎熬与折磨。

但是，人如果太在意别人的看法，而忽略本真性情和个人的感受，一味地迎合别人，给自己留下的感受只有累、苦闷、忧郁、煎熬，如此的话，生命的每一天岂不是都形同于虚度了？要知道，人生是活给自己的，让自己真正的强大、快乐、幸福，这才是最重要的。

所以，适度才是最重要的。要适当在意，却保有理性，不过分沉溺于其中。

**故事一：**

"别和我抢，今天我请客。服务员，买单！"张辉豪气地把服务员召唤过来，大大方方地结了账。

生活中，张辉总是这样豪爽，在很多朋友看来是这样的。

"辉，今儿出来喝酒不？天食饭店等你啊。"没等张辉回答对方就直接下了定论了，因为张辉很少拒绝，甚至可以说从不拒绝朋友们的饭局邀请。

"小辉，我在外地，这临时也没个地方充话费，你抽空给我充 50 块钱，回头我还你啊。"往往是肉包子打狗，一去不回头。但要有下回，他还是会爽快地答应，再给他充上几十块钱话费。

对此，张辉的老婆颇有微词，她对于张辉这样"打肿脸充胖子"的行为十分不满。因为两人结婚后，育有一个女儿，本来生活经济就比较紧张，可是丈夫却总是这样在外面乱花钱，不是请别人吃饭，就是借出去一些"不回头"的外债。

她经常说张辉是"穷大方"。而对此，张辉的说法是："我也不想啊，咱本来就穷，还让人说咱小气，那以后在朋友圈里还怎么混。"

## 故事二：

原梦觉得自己生活得很累，好像每天都活在纠结中，被各种臆测烦扰着，比如：

和朋友一起逛街，她便不敢去逛一些廉价的店面、商铺，更不敢去看地摊，生怕朋友觉得自己"专爱便宜货""活得不大气"。

请朋友吃饭，她总是纠结应该去什么样规格的餐厅，在家里亲手做或者去一些小点的饭店会不会让人觉得自己为了省钱、太小气？与其这样，还不如去装修大气点的餐厅。

下班回到家，她会在心里想：今天我心情不好，不怎么活跃，同事们会不会觉得我矫情、不够热心？

三五朋友去 KTV 喝酒、唱歌，第二天她便懊悔：昨天玩得太嗨了，朋友们会不会觉得我这个女孩子不够稳重、太疯癫了？

下一次一群人又去 KTV 喝酒、唱歌，她刻意收敛了自己。但事后却也后悔：他们会不会觉得我太闷了？会不会私下说"和这种人出来玩真没劲"？

给朋友发短信，朋友没回，她便开始胡思乱想：他是不是生我的气了？……

如此，的确很累。

两个故事都是太在意别人看法的典型。先拿故事一来说，张辉的行为就像妻子所言那般"穷大方"。生活上明明不宽裕甚至十分拮据，但在朋友面前却总是装豪气，尤其在花钱方面十分大方，大方请客，大方借钱给别人。究其原因，还是人的内心在作怪。

故事二中的原梦，生活中也不乏这样的人，细细读来，我们也总能从中找到一些自己的影子。

每一次交往她都不禁暗自揣测，对方是否对她的表现满意，对方是不是讨厌她、反感她，对方会不会疏远她。所以便左也不是，右也不是，无所适从，不论自己做出什么样的行动，她总能从中臆测出一些不完美来。于是，他们总是会压抑着自己的情绪和行为，为的就是换得对方的满意。

其实，现实生活中，我们不可能让所有人都满意，我们也不需要去取悦别人，我们要做的只是过好自己的人生，与其花心思取悦别人，不如费些精力去取悦自己。

**第一，别人的喜怒哀乐与我无关。**

不要觉得别人皱一下眉头就可能是在因为你而伤脑筋，别人不理你可能是你某个地方得罪他了。每个人都有自己的人生要过，有来自生活方方面面的事情可能引发或喜或忧、或怒或哀的情绪，他所喜所忧的只是他的生活，与你无关。

换种方式来说，别人没有那么多精力花费在你的身上，他的情绪变化可能是因为他的家庭、他的爱情、他的工作等。不要刻意把别人的情绪变化与自己联系起来，徒增自己的烦恼。

**第二，别人的话有选择性地去听即可。**

人的嘴用来评价的通常不是自己，而是别人。所以，评论是永远存在的，正如我们偶尔也会评价别人那般。

但是，作为自己本身来说也要有所坚持，不是别人所有的评价都是正确的，毕竟他们不是你，更有些甚至不了解你，一些流言蜚语更不必放在心中。当然，如果别人是善意地提出一些意见，大可"除糟粕，汲取精华"，不必过分耿耿于怀，影响了自己的心情。

**第三，活得简单一些，跟着真心走。**

不要想着"我怎么做别人才开心"，不妨想着"我怎么做才对得起大好的年华"，人活一世，与其哄别人高兴，不如多哄哄自己开心。想吃时就吃，想喝时就喝，想笑就笑，想哭就哭，不喜欢就不做，喜欢就大大方方地去做。不要压抑自己的快乐，也不要隐忍自己的不悦。

# 多和开朗自信的人交往

有人说：想成为什么样的人，就和什么样的人在一起。

也有人说：和什么样的人在一起，决定你拥有什么样的人生。

意思其实是一样的，是指不同的人在一起相互之间的感染和影响。

参考第一种说法，便是：如果你想成为有钱人，那就多和有钱人交往；如果你想成为文人，那就多和文人在一起；如果你想变得高雅，那就多和高雅的人在一起；如果你想成为自信的人，那也很简单——多和自信的人在一起。

参考第二种说法，反过来说便是：如果你和乞丐在一起，你便可能成为乞丐；如果你和商人在一起，你可能会变成商人；如果你和饭店老板在一起，你可能会入股可能会自营，成为一个饭店老板；如果你和乐观的人在一起，你可能会变得乐观；如果你和悲观的人在一起，你可能会变得事事悲观……

人生有时需要我们付出些精力，想想我们到底想要成为什么样的人，然后看看周边有没有这样的人，多与之交往，备受感染，你会发现自己正在悄然发生着改变。

一个在工地做零工的男子，每月的收入在 3000 元左右。每天下工后，他都会去附近的一个地摊上吃饭。要上一瓶小酒，几盘小菜，然后和老板有一句没一句地聊一聊。这样的日子过着也自在舒服。

可是，没过多久，男子突然有了做生意的想法，他算了一笔账，自己常去的摆地摊的老板每月平均下来和自己的收入差不多，甚至生意好时会比自己强很多。

收入高，还不用看别人脸色，时间安排上也自由，想睡懒觉就睡懒觉，不想出摊了还可以随时歇一天。

说做就做，于是他便做起了摊贩生意。真正做了之后才发现，付出是与得到成正比的，歇得多了，收入便少了，早上天不亮出门，晚上直到深夜别人入睡才收摊，每月的收入才可观些。

最近，他又常和一个乞丐走得很近，这个乞丐经常在附近一片活动，靠人流施舍来维持生计。可是，男子却发现，乞丐每每来吃饭，规格并不比其他上班族低，有时也是几个菜，几瓶啤酒喝着，酒肉伺候，活得十分之潇洒。

时间久了，男子才惊奇地发现，乞丐每月除了大吃大喝的花销之外，还能攒上几千块存在银行里。有时恰逢乞丐回乡，男子看到乞丐打扮得完全就是四个字"衣锦还乡"，用的手机也是紧跟潮流。

不久，一个路口少了一个卖饭的摊贩，多了一个乞丐。

世界上最会赚钱的犹太人，他们所信奉的经典著作《塔木德》中有讲："要想变得富有，你就应该向富人学习。即使在富人堆里站一会儿，你也会闻到富人的气息。"

而故事中的男子正好相反，他没有站在富人堆里，反而最后与乞丐为伍，久而久之，便受到了乞丐的感染，堕落成了一名乞丐。

中国有一句古语——近朱者赤，近墨者黑。人总是会受到身边人的感染，尤其是经常在一起的人，因为时间的长久会让这种感染和影响更加深入，从而让人变成类似甚至是雷同性情的那个人。

于是，当你想要变成一个开心的人时，不妨多和容易开心的人交往；当你想要变成一个自信的人时，不妨多和自信满满的人交往；当你想要变成一个严肃的人时，不妨多和严肃的人交往。时间久了，你便会发现自己越来越像那个人。

下面的方法，我们不妨来效仿一下吧。

**第一，古语有云：三人行，必有我师。**

人无完人，人有长处，也有短处。所以，我们即便选择与人为伍，也要时刻提醒自己"有选择性地受感染"，取其长，避其短。

**第二，多观察、多思考。**

不要完全依靠自然而然地被改变，任何时间的浪费都是对生命的糟蹋，如果可以，为什么不做些什么，让自己早早地变得优秀呢？

所以，和优秀的人交往时，不妨多总结，多问问自己：

·同样的事情，如果换作是我，我会怎么做？我的做法和他的做法效果相差多少？

·他有什么值得我学习的？

·他的优点都有哪些？

·他的缺点都有哪些？

·他是基于什么样的想法去做的这件事？

# 第 7 章

# 存留三分冷漠不是罪

# 面对假乞，漠视无罪

每每路过一个路口，总是会看到同样的一个乞丐，说自己只需一顿饭钱，或者是回家的路费，几个月过去了，还是一样的说辞。

这时，人们才恍然大悟：原来，这是"职业乞丐"。

职业乞丐与那些真正生活不能自理、极度贫乏的乞者不同，他们往往是一些身体健全，但又想"不劳而获"的人，借助一些"道具"（如破烂衣服，大字板，一条破棉被，一张假病历等），把自己弄得格外凄惨，从而骗取人们的同情心，以达到从善良的人们口袋里掏钱的目的。

渐渐地，乞丐也成了知名的"高薪职业"，只要你愿意放下身段，放下人格，放下良心，便可以月入高薪，甚至日收入都十分可观。

这个时候，我们才发现，自己的施舍有时像一剂毒药，让那些假乞者沦陷在不劳而获里，再也不愿通过力所能及的劳动赚取金钱。

有些人可能会说：我知道他们是假乞，可是他们伸手要了，总不能不给吧？那样显得多冷漠无情啊。大不了少给一点，一次给他一块钱。

这就是典型的不好意思拒绝，心里没有爱，但却不得不给少量的钱将其打发掉。

**故事一：**

冬天，一个乞讨者穿着破烂不堪的棉衣坐在一个自制的有四个小轮子的木板上，一路滑行着，滑到公交站台处，对着那些站着等公交的男女老少们高举着手里的破碗，嘴里碎碎念着："我饿啊，好人，行行好吧。我饿啊，好人，行行好吧……"

于是，有人一块、两块甚至五块地往其碗里掷钱。每每收到钱，乞讨者便连忙说："谢谢好人，还是好人多啊。"

从站台这头滑到那头，乞丐没有停下来，而是继续前行。走到两百米开外时，只见他挺了挺腰，从衣兜里拿出一部手机，拨了一串号码，接通后说道："喂！你来接我的班吧，到饭点了，我先去吃饭，然后等你电话。"

过了一会儿，来了一个中年模样的男子，身上穿得倒整齐，就是头发很长而且十分凌乱，把整个脸都快给遮住了。

只见之前的乞讨者从木板上下来，甩了甩发麻的腿，把破烂棉大衣脱下来，给后来的男子穿上。后来的男子瞬间变成了乞丐模样，然后再将腿部一盘，坐到木板上装作腿脚失灵的样子。

"儿子，你一上午收成如何？"

"一般，也就两三百。下午人可能会多些，好机会就留给你了。"

原来两个人是父子，说罢，父亲便继而向下一个公交站台滑去。

**故事二：**

火车站的候车大厅里，可谓是人山人海，几排座椅全坐满之余，还有一些人站着等候检票。

这时，只见一个小女孩背着一个小布包，脸上脏今今的，手里拿着四五张叠在一起的一块钱，从第一排开始挨个地伸手向坐等检票的乘客要钱。

有些可能嫌她脏，给了；有些则似乎不想理会，每当这个时候，小女孩便"噗通"一声跪下了。接着，小女孩会给这个不想给钱或者正在犹豫的乘客一个劲地磕头，直到这个人或多或少塞给她一些钱时，她才起身，转向下一位乘客。

细心的人会发现，女孩的拒绝率很低，除了极少数可以不理会别人的目光，任凭女孩一直磕着头，女孩看着没戏，便也放弃了。

一个大厅，女孩也花费了不少的时间，最后一排走完，她的小布包已经很鼓了。这时，她径直向女厕所走去，后面跟了一位中年妇女。不一会儿的工夫，待到出来时，小女孩已经收拾得十分干净整齐，与刚才的"脏乱差"简直是两个人。小女孩的小布包也似乎空空如也了，中年妇女的包却鼓起来了。

两人大摇大摆地从候车厅出来，然后到火车站附近的银行存钱。


故事一中的乞丐，他主抓的重点有几个：一是装残疾，博取同情心；二是称呼"好人，行行好吧"，潜移默化地给人一种"如果不给钱就不是好人"的感觉，身边有多双眼睛在看，很少人能够抵挡住别人的眼光，不做这个好人，而做一个冷漠的人。

故事二中的小女孩可谓是最悲哀但也是最令人痛恨的——强行乞讨。强行乞讨就是不管你愿不愿意付出自己的善心、爱心、同情心，乞讨者就是硬生生地要，不给就缠着你，不过他们倒也不会把你怎么着，他们会通过自虐等方式来达到乞讨成功的目的，比如下跪、打自己耳光等。

如此一来，旁观者虽然反感，但是丢脸的感受更强。于是，宁愿给一块钱、两块钱打发了。

这时，我们的善举会被一些人利用，成为他们赚钱的工具，助长他们放下人格、尊严、良心去做不劳而获的事。

可是我们想过没有，为什么会有那么多职业乞丐？是什么让乞丐成了"高薪职业"？

很多时候，不是因为人们的同情心，因为很多人是明知假乞还是会给钱打发，所以究其原因，还是人不好意思把自己冷漠的一面展现出来。

因此，面对这种情况，我们不妨适当地把自己的冷漠释放出来，不让自己被骗，也不助长社会中的那些不正之风。具体可从以下几点入手：

·面对"强行乞讨"这种连同情都懒得讨，直接使计让你难堪以谋取钱财的，坚决不给。

·四肢健全者，你就告诉自己：这个人是有行为能力的，他完全可以通过打工来改善生活的，一顿饭、回家的车票等，只需打些零工即可赚取。

·如果分不清真假，则可以联系一些城市救助部门，让他们给予帮助，比如给他们介绍工作，或者询问具体情况，给他们买回家的车票，亲自把他们送上车等。如果这些假乞者推托忐忑，则可判定为假。如果是真，则也可以得到相应的救助。

# 从开始就不要给希望

家里门铃叮咚响，或者啪啪啪总是敲门声，开门一看是陌生人，手里拿着材料或产品等，然后便开门见山直奔主题，边说还一边总是想往门内走，目的便是想让你买他的产品。如此方知：这是上门推销。

行走在路上，突然有满是热情、笑得像花儿一样的人，手里拿着一些表格，然后热情地问："您好，可以帮我做一下调查吗？"调查即将结束时，你会发现身边多了一位神一般的队友，手里拿着产品，此时顿悟：原来是路边推销。

本想悠闲地逛个商场，来到超市推着购物车，悠闲自得地漫步，左看看，右看看。一走到洗化区和服装区，顿时耳根再也得不到清净，一个甚至三五成群的导购围着你，问你"需要什么""这款产品不错"，你说"我再看看"，好吧，在一个产品上的时间不敢超过三秒，更是不敢碰哪个产品，否则那些人们会卷土重来。这时你才发现自己走哪他们跟哪，不禁感叹：这烦人的超市推销。

有些时候，我们并不需要某个产品，或者不喜欢某个品牌的产品，而作为推销员，即便如此他也想从你身上挖出需求来。如果我们不好意思搬出冷漠，直接告诉他们："我不买。"他们是很难放弃的。

**故事一：**

一个女人来到一家理发店，她只是想要理个发，将许久没有修剪的头发稍稍修剪一下，因为接下来有个约会，所以她预计花费 30 分钟的时间将此事完成。

来到广场的一家装修精致的理发店，门口贴着一个特价提示：洗剪吹，只需 15 元。

踏进理发店，里面的环境很好，十分干净，女人在服务员的热情招待下表示："我就是洗个头，然后修剪一下。"

洗头妹热情地将女人领到洗头区，给其洗头，一边洗一边和女人聊："女士我给您按摩一下头部啊，很舒服的。"

说的同时，按了几下，女人觉得确实挺舒服，于是便"嗯"了一声，结果按了十多分钟，洗头妹似乎没有停手的意思，其间还一直问女人：

"您平时都用什么类型的洗发水啊？"

"那不适合你，我们这种专业的理发店最有发言权了，有一款洗发水就特别适合您的发质。"

"我们这里还有一款护发素，很多客户都反映效果很好。您可以带一瓶试试。"

"您这样气质的白领应该十分注重发质保养吧，你平时用什么保养品呢？我们这里有一款要不要一会儿给您试用一下，一次就能让您看到效果。"

不知过了多久，终于洗完了头，女人坐到椅子上，理发师便来服务了。一边拿着吹风机稍做吹干，一边问："想染还是想烫呢？"

女人说不用，只是修剪一下。理发师便开始喋喋不休地说：

"我觉得你还是烫一下然后再染个颜色，保证特别时尚，一下子年轻至少十岁，而且你的脸型是属于……"

"你的发质损毁严重，需要做深层护理了。"

"你的发丝太细又偏软，所以最好是做个定型。"

于是，女人的头上经历了各种药水和颜料，最后还提了一个小包，里面是从店里购买的头发洗护用品。本来想30分钟结束的事情，却花费了3个小时，约会早已取消了。

结账的时候，女人有些心疼，一看单子，做个头发花了800多元。其中按摩30分钟也收费，专业发型设计也收费，占份额较大的就是染烫和购买的洗护用品了。

女人只觉得哑巴吃黄连，有苦说不出，当面反悔或者和其理论又有损自己淑女的形象，所以只好带着被骗的感觉如数掏钱。

就在此时，收银人员还在向她推销："现在加10元钱就可以办一张会员卡，以后您再来消费，不管什么项目，全部可以享受8折优惠哦。"

女人摇了摇头，她只想尽快离开这里。


**故事二：**

导购："女士，是想买件外套吗？这是我们刚上的新款，很适合您这样的标准身材。"

女人："我再看看吧。"

导购："好的，那边有件经典款，是最受欢迎且十分上档次的款型，我拿过来给您看一下。"

导购："这件也适合您，您可以试试。"

……

如此，导购来回奔走，不等女人做出反应，她便总是拿着各式款式让女人看、试。

女人显得有些犹豫，就在此时，导购的一句话让她羞愤不已。

导购说："给您拿了那么多，试了那么多，就没有一件合适的？您今天只是逛逛没打算买呢，还是真心想买呢？"

女人顿时有种被看低的感觉，于是指着其中一件衣服说："我要这件，给我包起来吧。"

故事一中的女人说，她只是想修剪一下头发，预计只花30分钟。但是却不好意思打断洗头妹、理发师等热情洋溢的推销介绍。于是，在别人各种推销攻势下，她损失惨重：一是时间；二是金钱；三是心里委屈、愤怒，有被骗感，就像她所感受的那般"哑巴吃黄连，有苦说不出"，其实不是说不出，而是不好意思说而已；四则是这个约会，也许这是一个十分重要的约会，同样的几个小时，用来约会恐怕要比坐在理发店面对一群虎视眈眈盯着自己钱包的人要舒适得多。

故事二中的女人则败在了她"模棱两可"的态度上，她不拒绝，只想着随便看看，可是导购却卖起了"苦肉计"，一趟趟地跑来跑去，把衣服拿过来给她看，劝她试，就是为了最后的心理战做铺垫。果不其然，导购最后的一句带着嘲讽般的话语成了制胜的关键。

其实，在很多被推销的场合，我们是有必要拿出冷漠这个武器来保护自己的。

**第一，时刻提醒自己。**

就像故事一中的女人，进理发店的消费目的十分明确，就是想花 30 分钟洗个头，修剪一下头发。所以，这种情况下，从进店起就把自己武装成一个认死理、钻牛角尖的人，时刻提醒自己——"我只是来修剪头发的，别的什么也不要"。

**第二，给他一张冷脸。**

不管对方怎么忽悠，如果好言换不来清静，那就冷脸相待吧。

很多推销者都十分善于察言观色，即使你表现出反感，但只要不好意思拒绝他，他便仍抱着一丝希望，因为他看出你心软，这便是他令你回心转意的机会。

但如果你果断地给其一张冷脸，这往往是最有效的。他大概也可以从面前的冷脸中感受到寒意，预知到自己只会无功而返。

**第三，面对强买强卖，拿出法律武器。**

如果你一再拒绝推销，但对方仍旧不依不饶，推销同一个服务项目，那便构成了消费干扰。根据《消费者权益保护法》有关条目的规定，作为消费者完全可以拒绝，并且必要时可以向消费者协会进行投诉。

# 长痛不如短痛

生活中，总有一些人一些事让我们黯然神伤，心灵饱受煎熬。

"煎熬"这个词是对"长痛"最好的诠释。

很多时候，不是我们不能选择，而是明知会长痛但还是选择沉默、忍受……

这些痛就像人身体里的阑尾发了炎，我们的选择有两个：一个是动手术，果断切除；一个是吃些药物，长期受苦。前者为短痛，后者为长痛。

现实中很多人因为害怕开刀、怕一时之痛，于是疼了很多年。

含沙射影，同样的情况发生在我们生活的方方面面，比如感情的抉择，比如家庭的纷争等。

当断不断，反受其乱。要断就要痛下决断，对别人冷漠些，对自己冷漠些，有时也是为了他好，为了自己好。

小伟爱慕小凡，平日里总是在公司对小凡频献殷勤，起初小凡并不在意，因为初来乍到的她能够有人指点自己、关心自己，总是好的。再者，平心而论，她对于小伟的关爱并不反感。

渐渐地，小伟对小凡的追求越来越明显，从起初的开玩笑说"我们两个心有灵犀""娘子心情可安好"等，小凡并不在意，可是，自从小伟正式表白后，一切都变了味道。原本是享受这种关爱的，就像有大哥哥保护着的感觉，但现在却演变成了暧昧，小凡心里只觉得有点对不起自己的男朋友。

"小伟，你真的挺好的，怪就怪我没福气吧，我已经有男朋友了，不可能再接受你了。像你这样的好男孩，一定会有更好的女孩子喜欢你的。"小凡鼓起勇气向小伟表明心意，想要断决这种不明不白的暧昧。

小伟并不这么认为，而是对小凡更是关爱有加，每天给她买早餐，帮她分担工作，下班后默默地先送她回家，然后才打道回府。这一切小凡既感到很有负担却也无力拒绝。因为小伟总是说："你喜欢别人是你的事，我喜欢你是我的事。我对你好总不是罪吧？"

日复一日，一年过去了，小凡对男友的心没变，小伟却按捺不住了，他开始有意无意地把小凡带进他的朋友圈，任由朋友们打趣、调侃，默许使得所有人都认为他和小凡就是一对恋人。小凡也不好意思当着小伟朋友的面让他下不来台，毕竟小伟为她付出这么多，她如果再在众人面前极力否认自己是他的女朋友，那无疑就是给了小伟一个耳光。

不久之后，小凡的男友在一次饭局中发现邻桌那个熟悉的声音和身影在充当别人的女朋友，他气愤不已，觉得小凡脚踩两只船，毅然提出分手。小凡大呼冤枉，她真心不喜欢小伟，对于小伟除了愧疚，再没有别的情感，无奈男友无法原谅，这令小凡伤心欲绝。

故事中的小凡，造成她痛失心爱男友的罪魁祸首就是她的仁善与心软。在有异性对自己呵护、关爱有加时，她诚然接受，也许那个时候迟钝的她并没有意识到这是男女之间暧昧情愫萌芽的征兆，她甚至有些享受这种莫名的"小美好"。

小伟的表白让她醒悟，她清醒地认识到两人之间正在发展着一段不正当的暧昧，因为她已有所属。但是，小伟对自己的痴恋让她不忍回复得太决绝。

"小伟，你真的挺好的，怪就怪我没福气吧，我已经有男朋友了，不可能再接受你了。"这本是一种委婉的拒绝方法，但是小凡为了给对方足够的自尊心，一句"怪就怪我没福气"，使得这次拒绝变得十分无力。这无疑会给对方一种"她也喜欢我，但无奈在认识我之前和别人交往了"的错觉。

当对方感觉到"希望"时，往往不愿就此死心，更何况这个女人三番五次地给自己希望。比如后来小伟加倍地对小凡好，小凡不忍拒绝，在公众场合以男友相称，小凡也没有拒绝，这些都是助长小伟内心爱慕情愫的毒药。

他的希望越大，占有之心就会越强，到最后就越难理清关系。因为人在付出了大量的时光和精力后，如果得不到，便总会觉得不甘心。付出得越多，就越不甘心，就越容易陷得越深。

因此，如果在一开始没有决绝地理清这种暧昧关系，那么在后来公众场合小伟当众以恋人姿态共处，小凡就应该冷漠、决绝地表明立场，对所有人言"你们搞错了，我不是他女朋友，我有男朋友的"，如此谣言才不会四起，弥散到小伟整个朋友圈。

有时候，冷漠并不全然是坏的，它也有好的一面，可以解救人于水火之中，比如不正当的暧昧、他人的纠缠等。无须不好意思，以下几点可供参考：

**第一，语言上冷漠。**

不给对方希望就要从语气开始，亲昵、温柔、娇羞的语气都会助长别人内心的情愫，模棱两可的话也会让对方抱有一丝希望。所以，除非工作上的必要，和正常的打招呼，其他一切不必多说。此时语言上的冷漠可能会让对方一时不快，但却避免了长此以往之后这种不正当关系给三个人所造成的伤害。

**第二，断然拒绝私下见面。**

尤其是和对方单独相处，会给对方一种"约会"的感觉，让对方觉得你愿意和他约会，说明你愿意给他机会。更不要进入对方的朋友圈，以恋人名义相处。

**第三，公然晒一晒自己的幸福。**

非正常的暧昧关系中，你越幸福，对方就越绝望。不要觉得在爱你的人面前晒幸福是一件伤口上撒盐的狠毒行为，长痛不如短痛，与其让他付出大量的时间、精力之后再伤心欲绝，不如早早断了念想，过回自己的人生。

# 果断拒绝不正当的私人应酬

白天工作了一天，晚上却还要陪领导出去应酬，是与工作有关尚且说得过去，更可气的是自己就像是领导的随身丫鬟一样，带去各种其私人的应酬当中。

一些要好的哥们儿聚在一起打牌，接连几个电话呼喊，甚至直接驱车到家门口来接，本想陪父母、老婆、孩子的时间却被拉去打牌，心不甘，情不愿，输钱是小事，缺失了陪家人的时间却是最遗憾的。

更有一些所谓的朋友，虽说生活秉性完全不同，可是却非要拉你去花天酒地，觉得这才是男人，于是一熬就是整夜整夜的脱不开身，严重影响了家庭和睦。

陪吃饭、陪喝酒、陪打牌、陪着别人花天酒地，本就心不甘情不愿，却又不好意思拒绝，有些人可能推三阻四地说"不去"，但却还是逃不开别人的死缠烂打，一再激将，于是硬着头皮赴会。

其实何苦呢？一些私人应酬，你并不享受其中，回家还要面对家庭矛盾，理应拒之的。

"老三，出来玩儿呗，风行夜总会等你。"外号"王大二"的老朋友又喊老三去外面玩。

"算了，我还是不去了，那种地方不适合我，我也玩不开啊。别扫了你们的兴。"因为老婆不喜欢自己和王大二来往，所以老三委婉地拒绝了。

老三的老婆之所以不喜欢他和王大二来往，就是因为王大二本人每天无所事事，专爱投机取巧，蹭吃蹭喝，实在是不正干，也不正经，三天两头地换女朋友，生活作风也不好。所以，她总怕自己的丈夫"近朱者赤，近墨者黑"，被王大二给带坏了。

"哟，三哥现在混得好了，好房住着，好车开着，老婆孩子热炕头，就不稀罕我们这些老朋友了。是不是嫌我们混得不够好，没资格和你做朋友啊？"这是王大二的撒手锏，只要撂下这句话，老三就连连解释，说自己不是那种人。

怎么证明呢？于是就揣着钱去参加老婆口中的"鬼混"。

拜这个曾经关系不错的好哥们儿所赐，他和妻子之间已经上演了"晚归门""夜不归宿门""烂醉门""豪赌门""白衬衫上的红唇印门""头发丝门"，他一再地向妻子解释自己虽身踏淤泥但绝对是清白之身，凭着对丈夫的了解，妻子才姑且相信了。

此次答应王大二出去玩，老三怎么也不敢让妻子知道，为了避免家庭风波，他谎称厂里临时出了点状况，要去处理一下，处理完了就回来，可能会晚，所以让妻子先睡。

果然，王大二等人一起在夜总会一通狂欢之后，又坚持去吃夜宵，老三一提回家，他便说："你是不是怕花钱啊？刚才夜总会不是小六掏的钱吗？这顿饭又不会让你请，你怕什么？"

老三只好说："哪儿呀，应该我请的。"

于是，硬着头皮留下了。好不容易夜宵过后，几个有些醉了，此时王大二等人又要去按摩，不等老三拒绝，硬是架着他去了。

一直到凌晨五点多，老三才回到家，一头倒下便睡了。

等他再醒来时，已经中午了。他来到客厅，妻子坐在那里发愣，对自己视若无睹，一言不发，最终她只是弱弱地说了一句："离婚吧。"

老三感到晴天霹雳，这才看到妻子手中拿着自己的手机，画面上显示的是王大二发来的一条短信："老三，昨天给你按摩那妞儿不错吧？哥们儿更厉害，直接给带回家了。"

任凭老三怎么解释自己喝醉了，对于什么按摩毫不知情，可是妻子似乎铁了心一般，无动于衷。

对于故事中的老三来说，自己跨不过的还是男人间的哥们儿义气，太在乎自己在朋友们面前的脸面，生怕别人认为自己是"嫌贫爱富"，有了钱就不和穷朋友交往的人。

那些混吃混喝不干正事的朋友便是抓住了他这一软肋，于是总能得逞。

而今的社会，人有一些应酬是正常的，比如谈客户、同事聚餐等工作应酬，或者是同学聚会、朋友生日、友人结婚、三五好友相聚等生活应酬。这些偶发性的应酬是生活的一部分，也是我们需要通过调节应付的。

但是，如果一些经常性的、非良性的、对自己的生活造成困扰和严重影响的应酬，我们就不需要过多地去念想情面、礼数等。冷漠在这里反而是捍卫自己健康生活的武器。

以故事中老三的情况为例，有效拒绝可从以下几点入手：

**第一，直接表达意愿，不要说"场面话"。**

比如老三的推托之词——"算了，我还是不去了，那种地方不适合我，我也玩不开啊。别扫了你们的兴"，虽说是推托，但却有一番"想去，但为了让你们尽兴，所以强忍不去"的意味。这会让对方觉得有推拉的余地。

此时可简单且直接地表示："我今晚有事，不去了。""我要在家陪孩子，孩子第一，我不去了。"

别的不用多说，平平淡淡一句话，不用过多内疚、抱歉的意味在里面。

**第二，不中计，不慌乱。**

当朋友用言语激将，说"是不是看不起我们这些穷朋友"等类似的话时，不要过分紧张，慌忙解释，可一本正经地说："你再说这么伤感情的话我可真生气了。把你当朋友才不跟你客气，给你讲真话，有事就是有事。"

也可将计就计，戳穿它并回击对方说："是朋友就理解我的难处，别拿这话激我。"

**第三，给自己一道选择题。**

一边是强拉自己吃喝玩乐的朋友，为的也许只是"人多热闹"，也可能是"多一个掏钱、凑份子的人"，从不站在你的立场替你考虑，只管自己玩乐、高兴。

一边是结发的妻子，心爱的孩子，养育自己的父母，他们辛苦地为自己付出，照顾自己的生活，关爱自己的健康和前途。

于是，老三这类人有两道选择题：一是要朋友还是要妻儿？因为妻子容不下自己的朋友。二是此等朋友要还是不要？因为就算妻子能够容忍，自己也不能如此被别人左右着生活下去。

给出自己答案，这种"损友"不要也罢。那么，把情面放一边，冷漠一些，渐渐地这段关系就冷掉了，生活也归于平静。

# 第 8 章

# 口才好，说起来更"好意思"

# 广涉知识面，轻松打开话匣子

在现今市场经济快速发展的大环境下，销售这个行业也有了多方面以及更深入的发展，而对从事销售行业的从业人员也要求越来越高。

作为销售人员，每天要不停地拜访客户，与客户沟通，来完成交易。但是，销售并不是一件简单的事情，因为每个客户的职业、年龄、性别、经历、阅历、学历、职位、性格、脾气秉性、社会地位、知识水平、兴趣爱好等都有所不同。要想与其进行良好的沟通，百分百的达成交易，这就在客观上要求销售人员必须具备较为宽泛的知识面，否则将难于驾驭客户，难以做好销售工作。

为什么有些销售人员能够与任何客户完美地沟通、长久地畅谈，和客户打成一片，最后顺利地成交。而有些销售员总是会遇到无话可谈的客户，甚至出现尴尬沉默的局面，自己感到不好意思，客户也感到不好意思，最终失败。造成前后两者不同的其中一个原因就是销售员知识面的存储度。下面，我们来看一个故事：

薇薇是某钢材销售公司的一名大客户专员，在公司工作已经有3年的时间，业绩虽不是最好，但在她们人才济济的公司，也算是中等偏上。

薇薇的人脉关系构建得很好，有很多朋友、同学、老乡、客户、同事等，每个圈子她都认识很多人。也正因为如此，她的很多生意都是通过这些人脉介绍过来的，这也是她业绩偏上的一个因素。

薇薇总觉得自己的朋友很够意思，这不，周二一大早就有一位老乡给她打电话，给她介绍了一位大客户，订单15万。薇薇甭提有多高兴了，一再承诺，生意成了之后一定请对方吃饭。

吃饭归吃饭，做成生意才是最重要的。朋友向薇薇详细说了这位客户的情况，朋友说："这位客户是一个股票迷，特别喜欢研究股票，你可以好好利用这一特点啊。"

听到这个情况，薇薇想："自己对股票一窍不通，和客户谈股票这不天方夜谭嘛！"话虽这样说，但为了成功拜访客户，在与客户沟通的过程中找到更多的共同语言，避免出现尴尬的气氛，给客户留下一个好的印象，薇薇决定现学股票知识。

随后，薇薇电话预约了客户，见面时间是周五早上。在周三、周四这两天，薇薇决定专心学习一些股票知识。首先，她通过网络查询了大量关于股票的信息，初步了解了与股票有关的基本常识和常用专业名词术语，然后对当下股票的走势做了一个大致的了解。做了这些准备后，薇薇信心十足，觉得拿下这个客户一定没有问题。

周五早上，薇薇自信满满地拜访这位客户，在进行自我介绍及必要的寒暄之后，果然在聊天的时候，客户开始与薇薇大谈股票。而薇薇早有准备，心中暗喜，便沉着应战，与客户侃侃而谈。客户见此，似乎感觉到与薇薇一见如故，变得热情了很多，并与薇薇探讨了很多关于股票的问题。

最后，客户在听了报价与钢材参数之后，与几家竞品进行了对比，感觉都差不多。当场与薇薇签订了这个15万的订单，并且还热情地邀约薇薇改天一起再聊聊股票。

故事中薇薇的销售成功证明了，作为一名销售人员，要想赢得客户，成功展业，自己的知识面一定要宽。同时也说明，要和一个人良好的沟通，在第一次见面的时候就给对方留下一个良好的印象，让对方认可你，宽广的知识面是最好的帮手。

除了销售人员，其他任何人如果知识面广，那么，就一定会给自己带来积极的作用。所以，我们必须利用各种方式，通过各种渠道，努力地学习，积累更多的知识。同时加强自身的学习意识，不断扩展知识面，这样你才能更好地与他人沟通，才能在与他人沟通的时候避免出现"无话可说"的局面。

关于扩展自己的知识面，有以下几点需要注意：

**第一，平时积累。**

拓宽知识面也不是一天两天的事情，这需要一个积累的过程，因此，平时要多看报纸或者杂志，再上网浏览一些资讯等，这些东西不同于一本十几万字的政治书或者历史书，读起来会比较枯燥；而且这些媒体平台里面什么信息几乎都有，只要平时注意阅读积累，就能够增长见识，扩展自己的思路。

**第二，临时抱佛脚。**

如果你的知识面目前还不是很宽，而你急需要与某人进行沟通，那么，你就完全可以参考以上故事中薇薇的做法，首先了解对方的性格爱好秉性，然后根据对方的特点，有目的性的临时补充知识。这样在与对方沟通的过程中，也可以找到共同话题，提起对方的沟通兴趣，让你有话说，甚至达到与对方一见如故的效果。从而，给对方留下一个良好的印象。

**第三，培养阅读的习惯。**

很多人因为知识面窄，语言积累少，所以直接影响到口语交际的深广度。俗话说："知识就是力量。"书籍是知识的源泉。我们需要积极地去培养自己的阅读习惯，尤其在现代快节奏的生活中，已经有很多人失去了阅读的习惯，心中总想着如何挣钱、如何升职等，久而久之，自己会变得越来越功利，知识面也越来越窄，影响与他人的沟通效果。

所以说，不要觉得阅读是一件浪费你时间的事情，恰恰相反，一个良好的阅读习惯，可以帮助你提升沟通能力，扩展人脉关系。

# 适度幽默，说起话来会更有吸引力

什么样的人最有人缘呢？

有人说，帅哥美女有吸引力，因为这类人给人的第一感觉非常好。如果你是男性，有一位美女从你身边走过，你必然会回头多看一眼，并且有想要认识的冲动；如果你是女性，有一位不认识的帅哥坐在你身边，不要掩饰，你一定也有一种想要认识的欲望。这没有什么不好意思，这是人的一种正常本能。

也有人说，位高权重的人也有吸引力，因为从这类人身上可以得到更多的好处。比如你认识了这类人，在你事业上遇到困难的时候，对方可以不费吹灰之力帮你解决；如果你苦于没有人发现你的才能的时候，这类人就可以成为你生命中非常重要的伯乐。同时，认识这类人，可以提高你的社会地位，让你更有面子。

从最俗最现实的角度分析，以上这两类人是最有人缘的。但是，在没有利益关系的前提下，有时候以上这两类人并不是最受人喜欢的。那么，什么样的人最招人喜欢呢？

毫无疑问，那就是有幽默感的人。

和有幽默感的人在一起，能够感受到无尽的快乐，能够让自己的心灵得到彻底的放松，究其主要原因，他们说起话来很有意思，能够带自己走进快乐的源泉。因此，几乎每个人都喜欢和幽默的人在一起沟通交流。可以说，幽默是沟通交流的灵丹妙药。

何薇玲，IT界的风云人物，据说在她任职惠普台湾地区公司董事长时发生过这样一件有趣的事情。

有一次，何薇玲带着自己的团队与某科技公司的人进行开会，谈判一项合作业务，在惠普提出很多方案及方法后，对方总是觉得这个不行，那个不行。最后，对方为了给何薇玲施加更大的压力，火药味越来越浓，似乎随时都有谈崩的可能。

这时，作为惠普台湾地区的董事长，她面不改色地用幽默的语气说："你们觉不觉得我们现在就像父子骑驴一样，我让儿子骑驴，你们说这样不孝顺，我让父亲骑驴，你们又觉得这样对儿子不够体贴……"

对方听了何薇玲这样富有幽默感的比喻，原来针锋相对的沟通场面，立刻轻松了很多，合作上的问题很快得到了解决。在对方领导离开时，还微笑着对何薇玲说："你是一个很有意思的人，我愿意和你成为永远的朋友，同时我们公司也希望能够与您长久地合作。"

在故事中，何薇玲的幽默化解了现场的火药味，让谈判得以顺利进行，最后成功达成协议，并赢得了对方的好感，这是一种智慧，也是一种交际能力的象征。

幽默作为一种沟通的方式，它可以给他人带来快乐，在平时人与人的沟通交流中有着非常重要的作用，被人称之为"无威胁的媒介"。所以用幽默的方式与对方沟通往往会达到意想不到的效果。

台湾地区有一个著名演说家叫李敖，在业界比较著名，他的演讲会往往是一票难求。有一次他去一所大学做演讲，看到台下的观众热情不是很高，于是说："我在开演讲会的时候，最怕三种人，第一种是听完一场演讲都不鼓掌的人（顿时，台下响起了掌声）；第二种是听了一半上厕所的人，第三种最可怕——上了厕所永远不回来的人。"

同学们听了此话，觉得上面的老师说话很有意思，顿时都打起了精神，而且整场演讲会结束，以上三种情况都没有出现。

所以，要想成为一个说话有意思的人，就必须具有幽默感。那么，如何培养自己的幽默感呢？

**第一，扩大知识面。**

幽默是一种智慧的表现，所以它必须建立在丰富的基础知识上。人只有有了广泛的知识面，才能有内容去幽默，才能有基础妙言成趣。因此，要想成为一名有幽默感的人，必须不断充实自己的知识，扩大自己的知识面，这也就是我们所说的上一节内容。

**第二，培养观察力。**

机智、敏捷的能力，是提高幽默的一个重要方面，因为只有迅速地捕捉事物的本质，才能恰如其分地做出恰当的比喻，说出诙谐的语言。在沟通中，幽默往往具有时效性的特点，当对方讲完一句话，你好半天才说出与上一句相关联的幽默语言时，对方往往是感受不到的。所以，你必须具有良好的观察力和快速的思维能力，在发现幽默的切入点后，在恰当的时间说出诙谐的语言。

具体方法：

第一，语意突转生幽默。

先说出一种事物的多种情况，或者多种事物的一种情况，在对方感受到一种明显的语意趋势后，突然转折，说出与之前语意趋势不同的意思，从而形成一种因为意外而感到有意思的语言。

比如：

A：以前很多人胸前都会插一支钢笔。

B：是的，这是文人的体现。

A：但是我发现有人还会插两支笔，这是为什么呢？

B：插一支钢笔的是中学生。

A：插两支钢笔的呢？

B：是大学生。

A：插三支钢笔的呢？

B：是留学生。

A：插四支钢笔的呢？

B：修钢笔的。

第二，语意断而再续生幽默。

这一种方法颇为常见，就是说话者故意把一句话不说完，而是说一半给听者一个猜测的时间，等到一定的火候后再把后一半说出来，从而让听者有出乎意料的感觉，顷刻顿悟，开心一笑。

比如，曾经在一部电视剧中有这样一个对话：

甲：当我拿工资后，你猜我会怎么办？

乙：交给老婆。

甲：不，存银行。

乙：这才是男子汉！

甲：……然后把存折给老婆。

乙：……

# 事先打草稿，演练一下

民间有句俗话叫："吹牛皮不打草稿。"意指没有进行事先的准备，乱讲一通，没有逻辑和科学性，被人看出了破绽，是一个贬义词。

这类人在日常生活中还是比较常见的，比如某些销售人员，在拜访客户的时候没有进行事先准备，或者准备不充分，在遇到突发情况时临时发挥，乱说一气，信口开河，比较容易出现前后矛盾的情况。而客户往往是听得比较仔细，当客户提出销售员前后有矛盾时，销售员就只能无言以对，通常，这笔生意就会泡汤。

当然，这只是在特定场合下沟通前没有事先准备的弊端之一。很多人都有这样的亲身体会，在公众场合讲话的时候都会感到紧张及不好意思。比如总公司开年会，你作为分公司的一名普通工作人员，在会议现场，领导突然点名要求你分享你的工作经验。这时的你必然会手足无措，不知道该如何说起。即使你上台去分享给大家听，如果你没有一个良好的表达能力及随机应变能力，分享的内容也不会那么完整，措辞方面也可能不是那么准确，甚至还可能会出现内容重复的表达。

但是，如果领导一个月之前就通知你在年会上有这样一次经验分享，而你在这一个月内也做了充分的准备，那么，领导让你现场分享经验的时候，你紧张、不好意思的感觉就不会那么严重，甚至完全没有不好意思或者紧张的感觉。在上台与大家分享的时候，内容会更加的完整并具有逻辑性，表达也会更加的准确。这便是事先准备与临场发挥的区别。

刘瑞军是当代一位企业培训师和经管类作者，为很多企业做过培训指导工作，在业界也有一定的实力基础与知名度，曾著《别说你不懂客户》《跳槽不迷茫》等畅销书。他非常清楚地记得第一次为某企业做培训的尴尬场景。

那一年，他刚出道不久，因为前期有很好的积累，专业知识、工作能力都非常强，但是由于年轻气盛，他对什么事情都不屑一顾，总觉得别人办不到的事情自己却百分百都能够办到。有一次，一家企业邀请他去为公司员工做关于销售方面客户异议处理的培训。对于客户异议处理，不管是理论还是实践，他当时都已经非常熟悉，因此信心百倍。

随后他将这件事情告诉了自己的导师，导师对他说："你的能力肯定是没有问题的，但是上台培训演讲不同于我们私下的交流，气氛及气场都有所不同，所以，你一定要事先做一个充分的准备。"

刘瑞军当然也记住了导师的忠告，准备在演讲的前一天做一个充分的准备。可不巧的是，就在演讲的前一天，他老家的人来了，为了接待老家的人他放弃了演讲前的准备，心想："凭自己对客户异议处理的熟知，临场发挥也能够讲得很精彩。"

于是，在没有前期准备的情况下，他第二天走上了某企业培训的讲台。而就在走上讲台的那一刻，看到讲台下面一双双热情的眼睛，他蒙了。尽管对客户异议处理他已经非常熟悉，但是看到这么多人他开始变得紧张、不好意思，因此一时半会儿不知道该从什么地方开始讲。最后，他语无伦次地讲了几句后，他的导师正好在现场，马上上台进行救场，缓解了当时的会场气氛，赢得了他梳理思路的时间，最终顺利地进行了培养演讲。

尽管从培训的结果来看，那次培训很成功，赢得了很多学员与企业领导的赞同，但是对于前期的那几分钟尴尬他一直记在心里。也是从那一次培训开始，之后每次给企业做培训，他都要做详细的准备，也正因为如此，现在他的每场培训都非常精彩，都能够赢得企业员工的喝彩与认可。

事实上，我们在公众场合之所以会看到某些人口才特别好，句句是真理，逻辑严密，大多是因为他们事先做了充分的准备。如果没有事先准备，大多数人都会像当今培训师刘瑞军第一次做培训一样，感到紧张和不好意思。当然，如前面所说，除非你有丰富的演讲经验和随机应变能力。

当然，不单单是培训师，其实很多职业都需要事先打草稿，进行演练，比如人类灵魂的工程师——老师。大学毕业又进入学校为学生讲课的时候，如果要赢得学生的好感，高度吸引学生的注意力，让学生对你的课程感兴趣，那么，进行必要的课前演练便是最好的方法。

所以说，有时候你所看到的口才很好的人，并不是他们什么时候都很能说很会说，而是他们事先有了充分的准备与演练。

在当众演讲前，除了做好事先打草稿，进行必要的演练外，我们还需要注意以下几个方面，力求让自己的口才变得更好，说起话来更有意思。

**第一，克服紧张情绪。**

对于有些人，即使事先做了准备，进行了演练，但在面对众人眼光的一刹那还是会感到紧张和不好意思，这是一种很自然的现象。现有以下几种方法可以帮助你调节这种紧张情绪：

深深呼吸——在上台前眼睛微闭，全身放松，这样可以让身体内血液循环速度减慢，感到一种轻松感，从而心神也会安定下来。

临场活动——紧张会在体内产生大量的热能，而在讲话前做一些活动，比如双手握紧然后放松，让肌肉缩紧再放松，这样便会让热量散发。

闭目养神——闭上眼睛，然后用舌尖顶上腭，用鼻吸气，可以起到安定神绪的效果。

凝视物体——紧盯某一物体（当然不要盯着人看），非常专注地从颜色、形状等方面去分析它，会让你暂时忘记紧张与不好意思。

摄入饮料——讲话前准备一杯开水，来保证你喉部湿润，这样也可以稳定你的情绪。

**第二，谨慎构思腹稿。**

通常，在公众面前讲话我们不可能按照稿子往下念，这样的话就没有任何意义了。因此，我们需要腹稿。关于腹稿的构思与内容，不懂的事情不要冒充内行，公众场合不要轻易谈论他人的缺陷，不要探讨容易引起争论的话题，更不要诉苦发牢骚，影响大家的情绪。

# 做到"赞美而不恭维"

赞美是人类交际中的一种润滑剂，能够开启人类美好的心灵。每一个人都喜欢听到赞美自己的声音，因为这能让自己产生满足感，听了之后让人如沐春风，如饮甘泉。对于赞美者来说，能够拉近彼此之间的距离，让彼此之间的关系更加融洽。

赞美是一种口才，也是一门艺术。但是，有些人对于赞美总是觉得不好意思，觉得不好意思说出口，这是为什么呢？

其原因就是他把赞美当成了一种恭维，赞美和恭维是两个不同的概念。赞美是从内心深处发出的一种真情感，目的不是讨好对方，而是说出心中的真实感受；恭维是出于讨好对方的目的而去称赞、颂扬，其形式是有目的地称赞对方，对于某些恭维的内容是夸张的，或者事实上是不存在的。

比如一名服装销售员，在与一位长相很一般、身材较胖的女顾客沟通时，她为了将自己的衣服销售给这位顾客，她会说："美女，您看您长得这么漂亮，身材又这么苗条，穿这件衣服实在是太合适太漂亮了……"

这便不是赞美而是恭维。对于一个正直且不善于交际的人来说，这样恭维的话他肯定是不好意思说出来的，因为这毕竟不是事实。而如果对方确实身材很好，人长得也很漂亮，相信任何一个人都会理直气壮地说出来，而不会觉得不好意思。这就是赞美与恭维的不同。

对于听者来说，恭维要比赞美危险很多，因为火候把握不好，很容易让对方产生误会，反而起到相反的效果。比如前面提到的那位女顾客，她知道自己长得不漂亮，身材也不是很好，而对方却夸自己很漂亮身材很好，这很有可能会让她想："这是不是在讽刺我呢！"

**故事一**

在人来人往的菜市场门口，有一个卖女士衣服的商贩摆了一个小摊，在向路过的人销售他的衣服。

就在商贩向周围的人宣传自己的衣服质量如何如何好的时候，一位妇女凑了上去很感兴趣地翻看。商贩看到有女士在翻看衣服，便习惯性地说："你看你身材这么好，穿这件衣服一定会非常漂亮的。"话音刚落，身边的其他商贩笑了起来，女士也不好意思地笑着说："我这身材还算好啊！"（事实上，这位女士的身材确实很胖。）

随后，这位女士尴尬地离开了服装摊。

过了大概一小时，又有一位女士凑了上来，这位女士看起来很年轻，大概二十多岁，身材也非常匀称。商贩见又有女士对衣服感兴趣，便再次习惯性地说："美女，你看你身材这么好，穿上你看的这件衣服绝对漂亮。"

　　这次旁边的商户没有发笑，女士的脸上露出了自豪的笑容，便更加认真地看起了衣服，最后挑了一件自己中意的，没有和商贩讨价还价就直接购买了。

## 故事二

　　小张大学毕业后在一家五星级酒店实习，工作了一周后觉得特别乏味，自己又喜欢挑战富有冒险性的生活。于是他辞了酒店的工作，找了一份销售的工作。

　　他所工作的地方在一个大商场，主要负责某品牌电脑的销售。公司在这个商场有一个大的店铺，两个营业员，一个是小张，一个就是带小张的师傅李静。

　　小张因为没有太多的销售经验，业绩很是一般，而李静的业绩是全公司最好的。这天五一刚过一天，店里面人特别多，每个人往往要同时接待两三波客人，常常是给这位客户介绍完了，在对方随意看的时候马上又向另一位客户介绍，忙得几乎是要把一个人掰成两个用。

　　大概在下午三点多的时候，李静接待的客户一一都成交了，随着最后一位客户的成交，他看到小张和一位客户已经沟通了将近2个小时了，而两人还在讨价还价。

　　李静走过去，问了情况，原来客户为了20元钱的差价在和小张纠缠，而因为公司价格规定，小张只能一味地坚持原有的价格。明白了情况后，李静微笑着对客户说："您好先生，我是这里的经理，一看您就是一位干练有魄力的人……"

　　李静在进行了一番赞美之后，客户的情绪缓和了很多，说道："你看我也不是差那20块钱的人，只是这位小伙子一口咬定这个价格，总觉得有些不痛快。"

李静微笑着说："您的心情我理解，这样，为了感谢您对我们电脑品牌的支持，我送您一个鼠标垫吧。"

就这样，与客户顺利成交了。而一个鼠标垫成本价只不过2元钱。

分析以上两个故事，在故事一中，商贩用了同样赞美客户的话，而只成交了一位客户，赢得了一位客户的好感。其原因是同样的赞美对于第一位女士来说是言过其实，这便成了恭维，因此也会引得周围商贩的讥笑，让客户感到不适，从而选择离开。第二位客户自身的条件与商贩赞美的内容很是相符，因此会赢得她的好感，周围商贩自然也不会讥笑，成交便成了自然，这便是赞美的效果。

在故事二中，李静对客户说的话起到了两方面的作用。第一，提高了客户的姿态，引导客户站在自己是有魄力的人的角度进行思考，这样他对价格便不再会那么的固执。第二，因为李静赞美的是他的为人，这种赞美只是李静的一种猜想，而对于客户来说极易把这种赞美当真，因此，很好地拉近了与客户之间的距离，推动了销售进度。

赞美而不恭维，是一种沟通的技巧，赞美是一种由衷的喜欢和仰慕，是发自内心的一种赞叹，能够给对方带来快乐之感，而且在诉说的过程中会很自然，没有任何的不好意思。但是，当赞美过度之后，就成了虚伪，变成恭维，给人一种不切实际的感觉。最后不但起不到该有的效果，反而会让听者觉得反感。同样，对于一些诉说者也会觉得不好意思，因为从另一个方面讲，这是一种说谎。

所以，赞美也需要把握技巧，有以下几点我们需要注意：

**第一，赞美对方直观的方面。**

实事求是的赞美是最有力度的赞美，所以，我们要尽量赞美对方能够一目了然的优势，比如对方身材好、长得漂亮、鼻子很漂亮、开的车子很霸气、衣服是知名品牌等。这些东西一眼就能够看出来，没有任何的虚假成分，就算有第三者在场，也不会觉得你是在恭维。对于你来说，因为有"实物"，所以赞美起来也会更加的轻松自如。

**第二，赞美对方隐含的方面。**

有些方面虽然无法一目了然地看出来，但是界定起来也有很大的弹性，因此，我们可以把对方的这些方面作为赞美的因素。比如有魄力、性格沉稳、做人义气仗义等。当你和对方不熟悉而要拉近彼此之间距离的时候，用猜测的方式去赞美对方的这些方面。比如："我听别人说，您做事是非常有魄力的，这一点很是让我仰慕啊。"关于到底有没有魄力，现场你是很难看出来的，也是无法界定的。因此，也会起到意想不到的效果。

# 投其所好，多谈对方得意事

要想让你与对方的谈话更有意思，让对方听着有意思，让你说着有意思，其中有一个很有用的方法就是投其所好，谈对方觉得得意的事情。通常，这样会让对方对你们之间的谈话变得更加有热情。而如果你只是一味地顺着自己的喜欢说话，那么，必然引不起对方的热情，甚至会让对方觉得你的讲话很没有意思。

就拿生活中的某一片段来说吧，生活中求人办事是不可避免的事情，而是否能够获得他人的帮助，关键在于你是否能够投其所好，让对方感到愉悦，甚至对你深信不疑。对此，如果你能够很好地就对方得意的事情进行探讨，一定会引得对方的好感，获得帮助。

中国有句俗话叫："酒逢知己千杯少，话不投机半句多。"意思是说，遇到知己，喝千杯酒也会觉得少，如果话不投机，说半句都会嫌多。所以，在沟通的过程中，找到投机的话题将非常重要。

曾经有一位记者去采访一名老者，这位老者脾气比较古怪，一般不太愿意接受他人的采访。这天记者来到老者的家里，老者对记者不理不睬，显然有些不高兴。记者在老者的房间扫了一圈后，发现墙上挂着几张风景照片，而且在很显眼的位置。记者想，老者一定很喜欢摄影吧，于是记者根据自己所掌握的画画知识与老者谈起了构图、色调等。

没想到的是这位老者果然是一位摄影爱好者，听到记者对摄影有一些研究，很快与记者交谈起来，并拿出了自己的相册与记者一起探讨。就这样，沟通的气氛融洽了很多，记者的采访也顺利了很多。

正是因为记者所谈的事情正是老者感兴趣的事情，也是老者得意的事情，所以他的态度发生了转变，最后接受了记者的采访。

卫辉是某洗衣机生产企业的一名业务员，事实上他进这个企业工作还不到一个星期的时间。经过培训，他被分配到了甘肃天水一个盛产苹果的地方，与原先的一位老业务员一起工作。

因为公司的产品还不是很出名，这个地方的人这几年因为种植苹果生活富裕了很多，所以他们来这里驻扎销售的主要目的就是打开这里的市场。

这一天，他们经过一片果园，见有位老农在果园忙活，卫辉问道："这家是我们的客户吗？"

原先的推销员无奈地说："这一家是出了名的守财奴，我跑了好几趟，根本无法将产品卖给他们。而且他们似乎对推销员特别反感，去了很多次，总是一副爱理不理的样子。"

卫辉知道，这里的人都是从穷人过来的，过惯了苦日子，大多数人一切都是以节俭为主，而推销员是让他们掏钱，所以有这样的反应也是正常现象。

尽管这样，卫辉还是想和这位老农沟通一下，于是他和老业务员一起走进了果园，并向这位果农热情地打招呼，果农看到卫辉身后原先的推销员后，继续干自己的活，没有说任何话，一副厌恶的表情。

这时卫辉笑着说："大哥很抱歉打扰您，我不是向您推荐洗衣机的，我是想买一些您的水果。"

果农用怀疑的目光看了看卫辉，说道："我对你们推销员可没什么好感啊！"

卫辉笑着说："呵呵，今天我们不谈洗衣机的事儿，说说您的苹果吧，我看到您的这些苹果长得非常不错，看得我都想流口水了，这就是传说中的嘎啦吧！"

果农随意说道："什么嘎啦，都是别人乱叫的名字，看见绿苹果就叫嘎啦，都是瞎说。"

卫辉说："哦，那这叫什么呢？"

果农饶有兴趣地说："这就是我们通常说的黄元帅，因为成熟之后略带黄色……"

卫辉说："虽然我不懂苹果，但是从色泽上看，这苹果长得太好看了，色泽诱人，一定非常好吃，而且是纯天然的绿色食品吧。"

听到这话，果农精神抖擞，激情猛增，说话的态度来了一个180度的大转弯，激情地说道："你说得不错，你们城里人看到的苹果都是在快成熟的时候打过色素的，而我这里的苹果，从来不打那些乱七八糟的色素……"

就这样，果农津津有味地向卫辉说了半个小时。后来卫辉引导果农谈到了当下美好的生活，应该懂得享受，并且对果农的节俭做了肯定的称赞等。果农对卫辉也放下了戒心，卫辉买了一些水果，临走时果农还要了卫辉一张名片，并希望卫辉有空经常来玩。

两个星期之后，果农购买了卫辉的一台洗衣机。

大家一致认为是守财奴、给他销售产品几乎不可能的客户，卫辉为什么能够将洗衣机卖给他呢？

相信我们从故事情节中已经找到了答案，主要原因是卫辉找到了果农得意的事情。对于果农来说，他将水果种植好是自己最成功的事情，如果有人对此感兴趣沟通，并且进行称赞，那么，这一定会激发他本人的探讨激情，以往的厌恶会一扫而光，这就为最后的成交打下了良好的基础。

由此可见，当你和一个陌生人初次见面时，要想让对方觉得你说的话是有意思的，迅速拉近彼此之间的距离，那么善用机会，投其所好，谈对方最得意的事情是最好的方法之一。

美国哲学家杜威曾说："人们最迫切的愿望，就是希望自己受到重视。"所以说，无论是声名显赫的大人物，还是普普通通地生活在社会底层的普通人，他们或多或少的都有自己值得骄傲、得意的事情。在人际交往中，如果你能够抓住对方的"得意之处"，那么，在对方看来你的口才会超级得好，你说的话会超级有意思，而你在陈述的时候，也丝毫不会感到任何的不好意思。那么，在运用这个技巧的过程中，我们应该注意些什么呢？

**第一，解其所好。**

运用这个方法的第一步就是了解对方得意的事情，这是最基本的因素。这就需要你在会见对方的时候仔细地观察，并正确地分析。比如，当你看到对方的房间挂了很多字画的时候，你就应该意识到对方是一个书画爱好者，如果这些画都是他自己画的，那么他最得意的事情无非就是画画了；如果这些画是别人画的，那么他得意的事情可能就是收藏这些字画。

总之，我们要充分发挥我们的观察能力和分析能力，确定对方最得意的事情。当然我们还可以事先对其进行了解打听，找到其得意的事情。

**第二，有的投矢。**

找到了对方得意的事情，接下来就是行动，全方位地谈对方得意的事情，这里有一个主旨我们要把握准确，谈对方得意的事情的目的是让对方产生相见恨晚的感觉，让对方觉得你就是他的知己。一旦产生这种效果，你的目的就达到了。

当然，谈对方得意的事情要客观，不能过于夸张，否则就是拍马屁、阿谀奉承、恭维了。这样不仅起不到积极的效果，而且还会起到相反的效果。记住，在运用这个策略沟通的过程中一定要客观，不要让对方产生虚幻感，要让对方觉得你说的都是现实存在的。